穿越六道輪迴之旅

德洛達娃多瑪──著
Delog Dawa Drolma
項慧齡──譯

西藏還魂人跨越死亡、返回人間的真實紀錄

Delog

Journey to Realms Beyond Death

目次

導言

恰度祖古（Chagdud Tulku）

在西藏，當我是個孩子的時候，有時候會發現我的母親德洛達娃多瑪被一群屏氣凝神的聽眾環繞，聽她述說前往輪迴其他五道的經過。當她說到淨土中的本尊時，她的臉龐煥發著光芒；當她描述地獄道和餓鬼道眾生的悲慘痛苦時，她的眼睛湧出淚水。她講述遇見某些人已故的親屬，她把死者在生前的未竟之事傳達給生者（或許是埋藏在某處、無法找到的錢幣或珠寶），或請求生者為其舉辦法會。她也從已經圓寂、地位崇高的上師那裡帶回修行的忠告，而在死亡此岸的上師則對這些忠告報以深深的敬重。

我的母親是一個喇嘛，擁有非比尋常的力量而受到全西藏人的敬重，但是她更以一個回陽人德洛的身分而出名。德洛（delog）是指跨越死亡的門檻，然後回到陽間述說其中經過的人。她的經歷不是幻想或瞬間的瀕死經驗。她全身冰冷、毫無氣息地躺在那裡整整五天，沒有任何生命跡象，但是她的心識卻自由地進入其他的輪迴道，而且常常有智慧白度母陪同護衛。她按照度母在淨觀中所給予的教導和指示，展開做為一個回陽人的旅程。這個做法違背了她上師的冀望。她的上師們求她不要冒這樣的風險。

了不起的是，她這個十六歲的年輕女子對禪修有著如此深厚的信心，而且她禪修的功力勝過非常有智慧、年紀大她許多的喇嘛們。她被認證爲白度母的化身，而白度母是一種力量強大、長壽和解脫有情眾生的證悟心。在達娃多瑪的童年時期，她就顯現出一種非常深刻的慈悲。前來我們營帳的乞丐，沒有一個不帶著她的供養離開。由於她把伸手所及的每一件物品供養出去，我的家人開始把貴重物品藏起來，免得她把這些物品送人。

在舉行大型法會期間，我家的黑色毛氈帳篷可以容納四百人。達娃多瑪和其他地位崇高的喇嘛被人們敬重地安排坐在法座之上。這些地位崇高的喇嘛，包括達娃多瑪四位名遍東藏的叔伯們。在修行儀軌時，她是一位完美主義者。數年前，我遇見一個僧侶，他記得在法會上吹法器吹得很差勁時，達娃多瑪因而發怒的情景。她的示現既激勵人們精進地從事造作的修行次第，同時也啓發人們認清任運明覺乃這些次第的根本本質。

達娃多瑪的夢境與禪觀是證量的顯現，那些帶領她進入德洛覺受的夢境與禪觀的指示則是清晰無誤的。那些喇嘛力勸她不要展開這樣一段旅程，改採禁食齋戒、服用藥物和舉行法會的方式。他們的恐懼是沒有根據的，然而，在她死後前往蓮師淨土時，她遇見已故的叔叔，即尊貴的上師卡玉旺波，警告她留在蓮師淨土是危險的，她應該返回人道去利益眾生。

後來，當她經過死亡和投生之間的中陰狀態，以及經過地獄道和餓鬼道時，女性本尊金剛亥母的一個化身對達娃多瑪能夠利益眾生表現出疑慮。「我的姑娘，你返回人道或許是必要的。但是……轉生成為一個女人，你將幾乎沒有任何威信……在這個末法時代，有情眾生將難以相信你的描述是眞實的。」

白度母反駁了這段話。她說：「她是一個女英豪，她的心充滿勇氣，」並且補充說道，達娃多瑪沒有聽從那些試圖拖延她的人的話。「如果她返回人間，她可以講述接受善行、排拒惡業的道德選擇。她可以轉化有情眾生的心。」

當我的母親教導正確的行為舉止和因果業報時，她所經歷輪迴其他道的直接覺受確實賦予了她巨大的修行權威。沒有人懷疑她所說的話，不只是因為諸如東美創巴等偉大的喇嘛曾經親眼目睹她死而復生，也因為她知道已故者在生前埋藏錢幣的地點和行為。如果她沒有做為一個回陽人，直接從遇見的人口中得到訊息，她便不可能知道這些事情。在她的晚年，一名西藏商人是她最慷慨的施主之一，但他卻是一個頑固而不肯修行的人，直到我的母親告訴他，他已故的姊妹埋藏金錢的訊息，他才有所改變。

在此，達娃多瑪的描述如同一名觀光客形容造訪的國家一般栩栩如生，還有她的描述眞的是意識穿越心清淨與不淨的展現。這段旅程從度母的教導開始，「我讓心安頓下來。在一個廣闊無邊、至極大樂的狀態之中，我體驗到一種全然明晰……我完全覺察到我的心所有尋常的根本狀態。因爲那種明覺是暢通無阻的，我彷彿能夠聽到所有土地的所有音聲，而不只有聽到我所在環境的音聲。」

當尋常的執著（貪）和瞋恨（瞋），以及主客二元分立的無明（癡）完全消失的時候，人們體驗到無造作、原原本本的明覺——絕對、無二、超越概念、充滿所有清淨本質的空性，以及化現爲無別於空性的顯相的潛能。這是存在於有情眾生之中被障蔽的佛性，沒有被有情眾生認清的佛性，卻是被證悟者徹底揭露的佛性。

爲了利益眾生，證悟者任運顯示淨土，例如，蓮師的吉祥銅色山淨土、觀世音的普陀山淨土，以及度母的檐木山淨土。那些已經清淨心續、透過行善而累積大量功德的修行者，可以在禪觀中、在夢境中體驗淨土，或者如我母親般做爲一個回陽人而體驗淨土。在她的記述之中，宇宙的地理位置相當明確，描述極爲詳盡，而且明顯的是，她所造訪的地域是心性的豐富展現，可以在禪修突破尋常覺知的限制時有所體驗。

淨土是心的展現，中陰和六道輪迴也是心的展現。其中的差異在於，淨土是證悟明覺的展現，而中陰和六道輪迴則是迷妄的展現和心毒的投射。地獄道是瞋恨和殺生這種不善業的投射；餓鬼道是貪著的投射；畜生道是愚癡的投射；阿修羅道是受到嫉妒染污之善行的投射；天道是受到驕慢染污之善行的投射；人道則是五毒的混合，加上至少足以避免墮入下三道之善行的投射。順緣的人身是大量善業的結果，並且能夠使人走上修行的道路。我的母親曾說：「不論你的人生有多麼困難，人道的困難和下三道的痛苦悲慘是沒得比的。」

人類和動物共享這個世界，並且傾向把事物視為堅實。當死亡分離心與身，剝除色身的相對穩定性時，赤裸裸的心識進入死後的中陰狀態。如果一個人沒有在法性中陰的清淨展現期間證得解脫，他的心識就會被推入受身中陰，在此之後，心識就會根據一個人的業而投生六道輪迴之一。

彷彿一場夢境或幻覺，眾生如雪片般飄進和飄出達娃多瑪的覺知。在一剎那間，她遇見一位熟人忍受著地獄最可怕的痛苦折磨，或一個餓鬼飽受極端匱乏的痛苦；在下一個剎那，她遇見一個善良的人在前往淨土的途中，或遇見一名天道眾生。有時候，她看見一整個隊伍的地獄道眾生或處於中陰的眾生，被一位偉大喇嘛所帶領，或由因菩提心而前來的修行者護送下而前往淨土。這正是我們祈願「掘斷輪迴深淵解脫眾生」的意義。

達娃多瑪遭遇死神閻羅法王（Yama Dharmaraja），和達娃多瑪在一起的度母唱了一首了悟之歌給閻羅法王：

如果有所了知，那麼只有這個——一個人的自心；
如果無所了知，那麼有偉大的忿怒死神。
實際上，這是勝者法身普賢；
在法王足下，我們頂禮讚頌。

儘管在究竟的意義上，六道輪迴在本質上是空的，僅僅是心之迷妄的投射；但是在相對的層次，眾生被困在輪迴之中的痛苦卻是不可否認的。如同閻羅法王和他的使者一再證明的，沒有謊言或藉口可以減輕一個人的業。一個人一生所從事的每一件善業和惡業，皆鉅細靡遺地呈現在眼前，業果則依此而生起。達娃多瑪描述殺生和傷害他人的後果，可怕得令人毛骨悚然，無疑讓人們小心地避免從事這種行爲。另一方面，她對淨土所做的描述令人深深著迷，激勵人們修持本尊觀修，了悟心之清淨自性的品質。

在死亡之後，即使業力推動一個人的心識投生六道輪迴，但是如果那個人在死前有良好的修行，足以讓心懷著信心祈喚他所修持的本尊，那麼他就能夠立即投生該本尊的淨土。

達娃多瑪在德洛經驗之後，前往拉薩朝聖。在拉薩，她和一位地位崇高的喇嘛結合而懷了我。她和父母住在一起，直到我四歲左右才重新在丹佩寺落腳。丹佩寺距離她父母家大約一個星期的馬程。她住在一幢視野優美、建築在山坡高處的房屋中，被人們敬重爲喇嘛和空行母，即智慧和證悟事業的女性化現。她後來生下我的妹妹聽列旺嫫。我妹妹是一個非常特別的孩子，後來被認證爲智慧瑜伽女的轉世。我們兩個都是狂放不羈、固執任性的孩子，我有時候仍然會爲自己爲母親製造的麻煩而深深懊悔。她對我施以嚴格的管教，也說如果我懷著清淨的發心精進地修持佛法，將能夠利益眾生。她的話語深深加持了我的修行。

一九四一年，她在產下一名男嬰之後不久便過世。這名男嬰在兩年後死亡。她過世時才三十多歲，我十一歲。她的遺體維持禪修的姿勢數天，然後倒下，表示她的心識已經離開肉身。她在住處的屋頂上被火化。天空出現彩虹，有五隻禿鷹在頭頂上盤旋。在金剛乘佛教中，這五隻禿鷹象徵了悟的瑜伽士的勝觀。我確信她返回淨土，但是同樣的，我也毫無疑慮地相信她返回地獄道和餓鬼道去拯救和她結緣的眾生。在她的悲心之中，她全然無畏。

我在一九五九年、正好在殘酷野蠻的中國佔領西藏之前離開。一九八二年，在沒有家人的消息幾乎三十年後，我突然收到妹妹聽列旺嫫寄來的一封簡短信函，提及她擁有唯一一本母親的德洛記述。這封信就像從西藏拋擲到加州的一個魚鉤，但是直到五年後，中國政府對西藏的政治立場稍微軟化，我才能夠抓住它。當我終於見到聽列旺嫫的時候，她告訴我那本記述已經被沒收了，但是她知道在誰手裡。在可怕的文化大革命那幾年期間，中國人把宗教典籍當做衛生紙使用，她束手無策；不過當她一覺得情勢安全了，便提供極高的贖金換回那本記述，當中只有幾頁遺失了。

我不想從她那裡拿走原稿，但是在四川首府成都的中國人不容許我影印。我知道可能必須把它走私出境，因此我先從美國購買幾本藏文書籍，並且列為海關申報的物品。我把德洛記述加入我的藏書中，在機場過境時並沒有碰到麻煩。幾年之後，我返回西藏，送給我妹妹一本副本。我仍然擁有原稿，如今已經超過六十年歷史。這本原稿在達娃多瑪講述故事時，由一名抄寫員用優美的字跡記錄下來。

尚有其他的德洛記述——另一名女性修行者德洛林札卻登的記述也相當出名。印度達蘭沙拉的「西藏著作暨檔案圖書館」，至少收藏了十二本德洛記述。德洛常常是女人；一些德洛看起來像是尋常的在家眾，但是德洛這個經驗本身即是高深禪修證量的一個徵相，因此他們不可能是凡庸之輩。他們的敘述使人們對喇嘛所傳授、未見的輪迴五道的教法生起信心。

我不知道其他的德洛記述是否已經被翻譯成為西方語言。非常幸運的是，我和優秀的譯者理察貝朗（Richard Barron，卻吉尼瑪 Chokyi Nyima）、十分能幹有才華的編輯瑪莉拉辛（Mary Racine）的緣分，得以把達娃多瑪的記述翻譯成英文。理察貝朗爲本書做了清晰的註解。雖然這本記述的章節先從三個淨土寫起，然後在第四章介紹不淨的六道輪迴，但是這本記述的內在跡象卻表示，這段旅程是以本書的章節順序展開：吉祥銅色山淨土、不淨的六道輪迴、普陀山淨土和檐木山淨土。最後一個章節是由我的兒子吉美東美仁波切在一九九四年從東藏帶回美國，這個章節是一個摘要總結，主要記錄了達娃多瑪在不淨六道輪迴的經歷。為了使本書的英語更可讀，本書用自然流暢的散文來翻譯原本的藏文偈頌，而非精確的逐字翻譯。本書藏文的語音是以貝瑪出版社（Padma Publishing）使用的系統為基礎。

即使在藏傳金剛乘佛教的背景脈絡中，德洛也是一個非比尋常、不可思議的經驗。達娃多瑪的記述擁有直接經驗的力量，我相信本書的讀者將會發現，六道輪迴的現象相對應於他們自心覺受的面向。願達娃多瑪的話語，激發最崇高的修行證量；願這些話語，引導所有讀者抵達勝者的境界。

此兩頁是第五章原文手寫稿，1994 年從西藏東部搶救出來。

第一章

吉祥銅色山：蓮師淨土

我所說的道路是一條狹窄的通道，狹隘而封閉。
因此那些渴望解脫的人可能會通往那解脫的道路，
我將詳述這個更高發心的療癒忠告寶鬘。①

此處所要講述的是我所經歷的事件。我是達娃多瑪，東美氏族吉美多甲的女兒。吉美多甲是居住在瓦許東地區的喇嘛。從我是一個小孩以來，即具有慈悲的天性、不偏不倚的信心和淨觀。對於所有的乞丐和那些沒有我幸運的人，我生起強烈的慈心，並且致力於供養和佈施行善。

我從事多次密集的持咒閉關，例如我完成念誦數十萬遍的「七句祈願文」。②後來，我受到空行母多傑玉瓊③及其他具有本淨明覺的本尊，以及一位八地④菩薩的啓發鼓舞。這位八地菩薩以北方偉大神聖的地方神祇「岩」⑤的身相化現。雖然他們沒有對我完全地講述過去、現在和未來，但是我卻領受數量多到不可思議、和我們身處的時代有關的預示授記。

曾經有三位祖古⑥、嘉楚⑦及其他人下行至山谷，參與一個在巨大毛氈帳篷內舉行的大規模年度法會。在他們即將解散前的一個傍晚，我出現了淨觀，一部分是禪修覺受、一部分是夢境。在這個淨觀中，「違背三昧耶之姊妹」⑧的三個惡魔從拉薩平原的方向前來，掠奪輪迴三原⑨眾生的生命力。這三位姊妹的大姊，手持一面黑色絲質旗幟和一條絞索；雖然她一再嘗試要把絞索纏繞在我的腰際，但是我的業本尊，即尊貴的度母，以青春年少、明燦亮白的身相化現，把我放在一個強固的保護帳中，因此絞索無法碰我一根寒毛。⑩

之後，我有一個禪觀。在這個禪觀中，某個人走近我，並且用一束染了顏色的羊毛敲擊我的肩胛骨，然後消失無蹤。這是一個負面的經驗，但是度母再次介入說：「因為這個緣故，我必須前往印度，從鄔金⑪的空行母的祕密寶藏那裡取來一些卡納達瓦（kanadava）藥。我將有四天不會返回。在這段期間，你應該穿著某個人的衣服，例如你的兄長帕千的衣服，他的身體受到守護神的保護，並且你的心應該避免散漫混亂。在第四天傍晚，你要供養八十個食子來驅除障礙。⑫然後，我將以沒有受到雲朵遮蔽的熾烈陽光，或被狂風環繞的方式前來，做爲我已經取得藥物的一個徵兆。」

在這四天期間，我飽受劇烈的痛苦；那疼痛如此劇烈，使我根本無法繫上腰帶。在第四天的傍晚，轉世喇嘛東美創巴舉行了一場八十食子供養法會。那三位摧滅生命力的姊妹因爲供養而欣喜，並且返回自己的住所。一種宜人的氣味從上而下充滿整個毛氈帳篷，表示藥物已經抵達。我嚐了一種有著非常細緻香氣、不可思議的物質，疼痛立即消失。我確實經歷這件神妙的事情，任何人都可以親眼目睹。

另一次，我突然被擊倒，彷彿我的死期已經到來。我殊勝的根本上師⑬、唯一的皈依、慈悲寶藏的仁慈至尊主，努力舉行一場法會來恢復我的長壽力。傑出的薩迦傳承⑭的喇嘛也持誦祈願文、舉行法會來給予保護，舉行吉祥喜金剛（Hevajra）⑮的皈依法會及其他法會。最後，比較明顯的疼痛緩解了，比較隱微的疼痛則消退平息爲一種大樂和空性的覺受。

那個時候，正是卡玉旺波，他是百部佛之至尊主、無與倫比和獨一無二的慈悲寶藏和完美無瑕的偉大金剛持⑯，在一個淨觀中用他本淨明覺、如夢似幻的身相來引導我。我和具有本淨明覺、卻沒有實體的空行母交談，如同一個人對另一個人說話一般。對於我所提出的問題，這些空行母給予清晰的答案。如此一來，這個女孩⑰壽命的障礙被消除，而我能夠按照自己的能力來利益眾生。根據授記，為了造訪許多化身淨土⑱，我必須從事阿彌陀佛、揚大黑魯嘎和普巴金剛等三個本尊的持咒閉關。

尊主東美昆敦仁波切舉行源自偉大德童（terton，即「掘藏師」）拉吉多傑的三位本尊灌頂。⑲我原本看待事物的串習被一掃而空，並且毫無迷惑地直接見到本覺無造作的本質。我進入原原本本、毫無掩飾的本覺之中，而祕密金剛語無礙地從本覺中湧出。⑳尊貴崇高的白度母慈悲地給予我一個淨觀，許多不可思議、結合了大樂與空性（樂空雙運）的禪修覺受，開始在我的心續中出現。

那是舊六十年一輪的第一年木雄鼠年。㉑在陰曆八月二十三日的月虧期間，剛好碰上慶祝空行母聚集的重要盛典，也是重新弘揚密咒乘殊勝教法的吉祥日。㉒那天，我們前去拜訪恰楚仁波切。這個女孩持續不斷地詢問恰楚仁波切關於她早年的夢境和禪修覺受，以及後來比較新近的覺受。對於這些描述，仁波切似乎感到非常喜悅。

我對恰楚仁波切說：「根據白度母對這個女孩所做的一個授記，我應該用六或七天的時間在一個甚深的禪定狀態中，如同陷入昏迷或在如死亡的狀態之中。」

事實上，恰楚仁波切和東美創巴都對我說：「實在沒有必要這樣說。在參加紐涅齋戒法會一天以上後，你會感到又饑又渴。留在一個自然寧靜的禪修小屋中，不去想太多的事情，輕鬆地安住在生起次第和圓滿次第（生圓次第）㉓的重點之中，並且完成幾個持咒，不是比較好嗎？」

「但是，」我回答，「停留在這樣一種狀態中七天，將會是有益處的，而且對治療我的疾病非常重要。」我一再地糾纏煩擾他們，問他們：「我是不是應該留在我的房間裡，鎖上門，完全不吃不喝？」

東美昆敦仁波切說：「不要做那種事！如果你想要減輕病痛，就應該舉行密集的長壽儀軌和法會，並且領受普巴金剛的灌頂和本尊穢跡金剛㉔的清淨儀軌。你也應該拯救要被屠殺的動物生命。如果你希望造福眾生，就應該修持諸如引導眾生脫離六道輪迴㉕的儀軌。這個儀軌可以在寂靜忿怒本尊㉖的《正覺自在》系列儀軌中找到。你也應該持誦嘛呢咒㉗和回向祈願文來生起無上悲心。」

東美昆敦仁波切用這個和許多其他方法禁止我、囑咐我，而我如果遵循他的忠告會是非常好的；但是我重申，在我的想法中，除了做我已經說的事情之外，我不會去做其他的事情。我決定按照我的想法去做，無法再耽擱延誤。

陰曆八月二十五日，我通知周遭每一個人我的情況。在傍晚「懷」時㉘，空行母聚集的時候，許多弟子和侍者參與七位相當特殊的喇嘛和祖古（在這些喇嘛和祖古之中，遍知的東美昆敦仁波切居於首位）的聚會。這個女孩也加入了。當我在那裡的時候，我的心變得比以往更加明晰，非常特殊的禪修覺受和了悟狀態在我的心續中生起。在東美昆敦仁波切聽力可及的範圍內，我按照他們的順序念誦我從未研讀過的法本《母明妃之令》（*Commands of the Mother Consort*），以及薈供酬補儀軌。㉙我的心極度喜悅，我覺得自己從沒有像那天晚上那般快樂。

在集會的人群散去之後，我留在殊勝的上師面前一段短時間。東美昆敦仁波切使用許多計謀，軟硬兼施，一再地說：「我的孩子，我勸你不要實行這個計畫。」然而，他的計謀完全沒有發揮用處，最後他終於說：「既然你決意去做，那麼把以下的話記在心中，絕對不要忘記。從現在開始，不要像你過去一般困在不淨的道路和蔓延猖獗的迷妄之中。毫不造作地安頓於心的眞實自性之中，如同心陷入和成爲這樣的自性一般。你應該竭盡所能地對上師和選擇的本尊生起信心和淨見，以及對曾經是父親和母親的一切眾生生起慈心與悲心。」㉚

仁波切除了對我說這段話之外，也親自給我一整盤薈供品的拼盤以表達他允許我的決定。他用一種特殊的聲調吟詠道：「願你受到上師們、三寶和偉大的鄔金的保護。㉛願所有的障礙和逆緣都被平息，直到你獲致證悟爲止。願無造作的證悟二菩提心㉜，實相的根本本質，在你的心續中生起。願你在尊貴的度母帶領之下，走上修道，爲眾生帶來不可思議的利益。」

當仁波切說這些話的時候，我的信心如此強烈地增長，我覺得彷彿要流下眼淚。我對仁波切做了三個大禮拜，然後返回關房。

之後我告訴東美創巴祖古：「大約有五天的時間，我會像眞的死亡一般。在那段時間內，沒有一個僧侶或學生可以進出我的房間，或在房門外來回行走。他們不應該喋喋不休地交談，或製造其他漫不經心、打擾人的噪音。移除在我面前的所有糧食，連七粒青稞都不要留下。㉝爲了清淨串習、子宮的障蔽㉞和我身體的染污，請用曾經被頂髻尊勝佛母修法加持過的藏紅花水清洗我。㉟在那個時候，爲了建立特別吉祥的順緣，應該有一個名叫多瑪的女孩在場。」（結果水到渠成，一個具有清淨三昧耶戒的善女人竹清多瑪成為我的友伴。）㊱

我繼續說道：「爲了釐清我屬於哪一個佛部，以及爲了去除障礙，請用一塊天空色的藍布纏覆我的頭。㊲我起死回生之前，庫札仁波切㊳將會對拉曼慈仁五姊妹呈獻供養。㊴東美創巴將會舉行一百次《母明妃之令》系列裡面的『無上大樂之后』的薈供。爲了抵消我的現觀的障礙，弟子們和侍者們應該儘可能念誦『七句祈願文』『驅除修道障礙祈願文』，以及金剛上師和度母的咒語。㊵爲了保護我，請用一個掛鎖把我的門拴上，並且要一個穿藍衣的人用一塊藍布包住掛鎖。爲了壓制嗜殺惡魔的影響力，要用蠟把那塊藍布封住，而蠟上的封印要上下顛倒。㊶

「現在，請帶一件不是由獸皮或皮革製成的換洗衣物來。㊷如果我死而復生沒有眞正死亡，我會想要漱口。因此，我需要一整瓶潔淨的雨水。此雨水是在下悟道者之藥雨（medicinal rain）時所收集的，來自琉璃光藥師佛的加持力和願力。㊸

「如果有任何人問達娃多瑪爲什麼這樣子，請不要做任何明確的回答，不論是好的還是壞的，只要表示我既不是活著也不是死去就好了。五天之內，召喚我的哥哥帕千前來。他和我的家人和親戚住在底下的山谷中。告訴他，『你的妹妹處於既非生也非死的狀態之中。請自己來看。』雖然我剛才詳細說明的每一件事情做起來都有一點困難，但是卻非常重要，因此請加以實行。」

祖古東美創巴和他的侍者承諾會忠實地遵守我所給予的指示，於是我在床上躺下放鬆。東美昆敦仁波切之前已經告訴這個女孩：「讓你的心自然而然地安頓，進入自然的狀態中，沒有任何散漫的念頭干擾。」我如實地讓心安頓下來。在一種廣大至樂的心態中，我體驗到一種全然明晰的狀態。這不是「昆茲」（kunzhi），沒有散漫念頭的狀態，㊹也不是純粹沉溺在大樂、明晰和了無概念的明覺之中。㊺我也沒有落入迷妄永無止境的顯現之中；相反的，我完全覺察到心所有尋常的根本狀態。㊻因爲那樣的明覺是暢通無阻的，我彷佛能夠聽到所有土地的所有音聲，而不只聽到所在環境的音聲。

陰曆八月二十六日早晨，當太陽從地平線初昇之際，我看到尊貴的度母在一團虹光中顯現在我面前，她的身相白如一只水晶瓶。她手持一把飾有絲帶的箭，並用那支箭加持我。㊼從妙拂州吉祥山的方向，一道五色彩虹的虹光穿入我的禪房。㊽四位身著絲衣和骨飾的年輕女性順著這道光芒前來，她們分別是東方空行母長壽力天女空行母，全身燦白，手持一支飾有絲帶的箭和一只寶瓶；南方空行母是阿揚度母；西方空行母是碧龍度母；以及北方空行母北天女。

她們把我放在一座輿轎中，上面覆蓋一塊有著紅白色圖案的彩色絲布。這四部空行母和我立即一起吟誦「七句祈願文」，並且不間斷地大聲持誦蓮師的咒語和嘛呢咒。我的心擴展爲一種極樂狀態，在全然明晰的本質中，對任何事物無法執著爲凡俗的善或惡。我的心如同未生的虛空，其中空無一物，其本身也是空虛的，然而卻有著完全暢通無阻而自然的光燦。這種和諧而任運的禪修覺受如同雲壇城般不可思議地大量湧現，那是整個廣大範圍的清淨覺受。㊾

然後，我感覺越爬越高，進入一個界限模糊的虛空，而我攀爬的速度比一隻野生白尾禿鷹翱翔進入天際還要迅捷。當這個戲劇性的覺受如同一場千變萬化的夢境展開時，我突然發現自己置身在一個我不認識的處所。在一片廣大浩瀚的平原中央——它是如此廣大浩瀚而飄渺靈妙，彷彿天空落入大地——矗立著一塊形狀如同心臟的巨大岩石。平原的各個方向有群山，猶如武器般刺入天空，其顏色彷彿灑上鮮血那般地紅。天空中出現一個五色虹光的華蓋。孔雀、歌鶇、杜鵑戲耍地輕快翱翔。空氣中瀰漫著一種焚香的甜美香氣，這種焚香具有轉化覺知的力量。地面上鋪滿了有著白色、黃色、紅色、綠色和藍色等五種色彩的動人花朵。我眞正置身其中體驗到這個境域。

我也看到一座非常秀美的山峰，猶如一塊藍寶石那般藍。我的心充滿了不可想像的信心和淨見。我不斷大聲重複念誦「上師瑜伽祈願文」「七句祈願文」，以及之前白度母對我所說的祈請文，並且做大禮拜和供養曼達。

這個地方是妙拂州的銅色吉祥山。大約再往上到那塊巨大岩面的中途，一個廣大平坦的地區，矗立著一座蓮花光[50]越量宮。越量宮是蓮師證悟明覺的化現，由五種珍貴的寶石建成，是一座自生且任運成就的壇城。從外部來看，越量宮內部明燦清澈，從其內部，一個人可以清楚地看到外部。越量宮的迴廊結有彩虹環圈，有四面、四門和中庭，其中有超過一千座的其他宮殿。而持明、[51]空行母和空行則是這些宮殿的主人。

這個女孩抵達東門。在那裡，我遇到四個女子，她們替我穿上一件色彩繽紛的絲袍，閃亮如同一道彩虹。然後她們就離開了，我完全不知道她們的去向。

擔任東門守門人的女子質問我：「你是誰？」

我回答：「我是達娃多瑪，人間東美家族之女。」

「你爲什麼來這裡？」

我謙卑地回答：「爲了確保一切眾生的利益，我請求晉見鄔金措耶多傑（Orgyan Tsokyey Dorje），[52]以及妙拂州銅色吉祥山上的持明、空行母和空行。」

空行母回答：

願你受到金剛亥母[53]的加持，
願阻礙你長壽的逆緣和障礙被消除。
願你獲得無死金剛的灌頂。
願你確保無量有情眾生的利益。

然後，我看到壯觀非凡、令人驚嘆的東門，這道門是由水晶製成。在東門之上，有著如來[54]的淺浮雕像，以及一看到就能夠令人解脫的文字。在門的左右兩邊有藍綠色、以珠寶精工細做的龍，以順時鐘方向旋繞，抱著各種寶石。

突然間，空行母用一把白石英水晶製成的鑰匙開啓東門。那把鑰匙大約有一隻手那麼長，上面有自行生成的象徵性文字，充滿魔力而神祕。我走進門裡面，發現一座由珠寶構成的長階梯。我走上這些階梯，然後在一個巨大無邊的廳室裡面，發現攝政王蔣巴米久（Jampa Migyur）[55]坐在一個小寶座上。他身穿白絲斗篷，飾有許多珠寶製成的飾品，頭髮束綁成頂髻。他的左手握有一串一百零八個的白水晶念珠，每一個大約拇指大小。[56]數百位身穿白絲袍的空行母眷屬環繞在他身旁，慶祝一場充滿感官歡悅的薈供。金剛事業天女身穿藍袍，在天空四個主要方位供養精選的薈供供品。

這個女孩在會眾的後排做了三個大禮拜，並且懷著崇高的願望來祈請。我趨近蔣巴米久，向他發露懺悔，念誦百字明咒來清淨自己，[57]並且行三十七支曼達供養。[58]在蔣巴米久右邊的一個空行母，仔細周密地詢問調查我的過去；我坦率直接卻謙卑地回答她的問題。蔣巴米久似乎非常高興。我參與了這場薈供的歡慶。

接著，我被帶到外面，由一位藍衣女子引領到另一座巨大無邊的宅邸中。裡面的每一個人正在爲空行母沐浴。這位空行母來自西藏東部低草原地帶的一個家族。⑲在我們中間，有一個巍峨的寶座，其上有一個特別高的紅絲坐墊，遍知的蔣揚欽哲旺波⑳就坐在上面。蔣揚欽哲旺波是闡明佛經和密續㉑的明燈，是一千萬個持明者的頂嚴，是無與倫比的大師，也是一個博學多聞的成就者。他明亮光輝的身相充滿超凡的魅力，而且青春洋溢、朝氣蓬勃；他看起來大約十六歲左右，身穿三法衣，頭上戴著一頂象徵三藏㉒的帽子。他手中持有金剛杵和金剛鈴，㉓被超過一百位空行和瑜伽女所組成的眷屬環繞著。

我像以前那般做大禮拜，施行供養，以及從事宇宙曼達供養。我獻給蔣揚欽哲旺波一條完美無瑕的白絲哈達來請求謁見，㉔並且做這樣的祈願。這位喇嘛的性格似乎非常嚴厲；他沒有對我說隻字片語，而且刻意避免注視我。

我離開此地，前往另一座巨邸。守門人是一個不超過十五歲的女孩。雖然我沒有認出她，但是她對我顯露出的欣喜，就彷彿父母會見他們的骨肉一般。在這座宅邸裡面，一個名叫玉哈的女子坐在一個堆疊著綠絲墊的低座上。玉哈是德格地區的空行母，是金剛亥母的化身。㊅她的頭髮用天空色的絲帶綁束著，手持一小冊法本。她正在念誦《中陰教法》㊆的本續。在她的眷屬中，大約有十六位空行母。我向她做大禮拜，並且供養由印度白檀香所製成的焚香。她給予我用五甘露製成的香料調味的食物。

我們詳談在人道所發生的種種。她繼續說道：「你將會在這個地區中央的一座亭閣內發現四個階梯。不要走黑色的階梯，因爲那裡潛伏著凶惡毒蠍和嗜血惡魔的危險。相反的，你要走綠色的階梯。」

我記住她的話，繼續旅程。在另一座巨宅之中，我遇見一位看起來相當年邁的女人，她的頭髮褪成黃灰色，身邊環繞著兩百個左右的空行母。這些空行母念誦著噶瑪林巴（Karma Lingpa）寂忿本尊壇城教法的法本，以及《無垢懺悔密續》（*Stainless Confession Tantra*）。㊇

爲首的那個女人在做寶瓶氣的持氣練習。68當她把氣息完全呼出時，呼出了許多居住在水中的生物，例如水蛇、青蛙和魚類；當這些生物的意識被牽引到淨土時，牠們的屍體顯露出白色、黃色、紅色和綠色的彩虹。

事實上，這個女人是一個名叫汪嫫的空行母。在做大禮拜和行供養之後，我走向她。她把一串用頭蓋骨製成的念珠放在我的頭上。她笑得很溫柔，並用很短的時間問我是誰。

在另一座巨宅內，我遇見一位寂靜的白色空行母。她坐在一個用絲包覆的坐墊上，身穿精美細緻的錦袍，有七位空行母所組成的眷屬環繞著她。我對著她做大禮拜和行供養。空行母們甜美地唱著一篇充滿虔敬的祈願文，藉此祈喚尊貴的觀音能量，並且唱著一篇融合六字大明咒的祈願文。在此，我擔心這麼寫會變得太冗長，所以就此打住。

在一座門朝東方、美侖美奐的巨宅內，出現空行母耶喜措嘉。她身穿美麗的絲袍，飾以各種珠寶骨飾，如雲般的秀髮烏黑光澤。她身邊環繞著一萬個空行母所組成的眷屬，她的身相秀美動人到無可言喻的程度，令人賞心悅目。她們正在舉行薈供：上師主薈供《持明上師薈聚》（*The Gathering of Awareness-Holding Gurus*）、本尊主薈供《大吉祥薈聚》（*The Gathering of the Great and Glorious*），以及空行母主薈供《極樂之后》（*The Queen of Supreme Bliss*）。[69]我參與薈供，對耶喜措嘉做大禮拜和行供養，讓她感到欣喜。我謙卑地、清楚而詳細地告訴她我個人的歷史。

「繼續你的旅程，」她說，「我會派一個人帶你去見你的叔叔。[70]你要通過會有困難，因為那個守門人非常嚴峻，沒有商量的餘地。」

我來到一座可怕的宮殿，那個景象讓我全身毛骨悚然。人皮遮篷用蛇製成的繩子懸掛著。這裡到處掛著乾枯的頭骨和肉類，以及變乾、上面仍有頭髮的人頭。窗簾和門簾是由黑色巨蟒的皮製成。

在這所有一切的中央，有一張顏色最烏亮的寶座，上面坐著一個名叫巴沃南卡烏薩的瑜伽士，他的身體是深紫黑色，頭髮繞著一個金剛杵綁束成一個頂髻，在金剛杵的頂端有一小片崁入的綠松石，耳朵裡面有海螺殼製成的箍環。他身穿一件白袍，手持一面大型手鼓和一把人的股骨製成的喇叭。事實上，他充滿超凡的魅力，令人無法抗拒。他的身邊環繞著六個身穿黑色長斗篷的人物，他們全都非常的忿怒，有著飄揚的黑髮和陰沉不悅的表情。我向他們做大禮拜，行供養，並且念誦祈願文。

我繼續前進，遇見一個白皮膚、穿戴絲衣和骨飾的女子。她的名字叫做諾津東瑪，她曾經和我結下眾多生世的因緣。

在一座巨大無邊的橘色宅邸中央，明妃曼達拉娃坐在非常高聳的紅水晶寶座上，上面有色彩繽紛的絲質坐墊。她的身體呈暗紅色。⑪她的右手持著一把綁著絲帶的箭，左手拿著一只長壽寶瓶。她穿著一條絲質短褶裙，飾有寶飾。她的身邊環繞著由一百位有著本淨明覺的空行母所組成的眷屬。她唱著一首旋律優美、悅耳動聽的不壞金剛樂曲。我像之前那般做大禮拜和行供養，並在度母的提醒下，對她念誦一篇充滿虔敬的願文。一種不可思議的信心在我心中生起。

我從聽眾中站起身來走向她。尊貴的明妃把持著箭的右手放在我頭上，並且吟誦：

吽　在鄔金國的西北邊境……

我請求你來賜予加持。

將加持送到這個殊勝之地後，

給予這個殊勝行者四灌頂。

驅除早逝的障礙。

授與無死之成就。⑫

我繼續前進，來到一座非常精緻吸引人的宅邸。在東門有十二個女子擔任守門人，在南門有十二個女守門人，在西門有十二個，在北門也有十二個。在東側，門和守門人全是由水晶製成，南門和南門的守門人由黃金製成，西門和西門的守門人由紅寶石製成，北門和北門的守門人由綠松石製成。

在東方，有十二位天女專門引導眾生，南方的十二位天女則以展現解脫道爲職責。在西方，我看見十二位有著熾烈火焰元素（熾烈火大）的天女，在北方則有十二位戰勝魔羅的天女。⑬她們都穿著袍子，對應她們所在方位的顏色。⑭

外門的鎖大約有一個人手臂的長度，並且由黃金製成。⑮其中一個空行母打開門送我進去。接著，通往宅邸的北門開啓，我走進去，其內的大廳有一百零八根支柱，以及一百零八位身著絲衣和骨飾的空行母。她們一邊跳舞，一邊隨著樂器伴奏唱著名爲「輪迴下三道自然解脫」的歌曲：

啥（Hri）　離於戲論的無造作狀態是法身上師。༔

極樂是報身上師，也就是法王。༔⑯

蓮花生是化身上師。༔

我們禮拜和讚頌三身金剛持。

你的證悟身是普賢如來的不變身。⑦

你的證悟語任運自生，引導有情眾生。

你的證悟心堅定不移，超越語言、想像和表達。

喔，具有證悟的身、語、意的蓮花王，我們讚美你。

聖地印度的偉大學者對西藏充滿悲心，

湖生金剛離於生、死、老和朽，

使惡毒的嗜血群魔皈依佛法。

喔，尊貴的貝瑪多軫札（蓮花顱鬘力），我們讚頌你。⑧

嗡　阿　吽　班雜　咕嚕　貝瑪　悉地　吽。

瑪哈　咕嚕　貝瑪多軫札　拉　南摩　吽。

當她們唱著這首歌時，我感受到無可估量的信心和喜悅。

在另外一個宮殿，我遇見一個白皮膚的女子，她披著一條圍巾，穿著白錦緞裙，手持一條紅水晶念珠。她是女尼貢噶孟朗，也就是空行母拉吉旺嫫切。⑲她對我顯露出由衷的喜悅。她撥開上有絲貼花繡圖案的掛簾，領我進入宮殿的中央。在那裡，我們找到她的七位空行母眷屬，她們安置了一個白色坐墊讓我坐上去。拉吉旺嫫切把一支白色的長壽箭放在我的頭頂上，吟誦著：

嗡（Om）　無瑕之本淨長壽，༔
我以日月雙運之無上榮耀來喚請此無瑕之本淨長壽。༔⑳
無變之極樂長壽，༔
我以吉祥光身之精髓來喚請此無變之極樂長壽。༔
沒有凡俗生滅的無間長壽，༔

我在恆常不壞的廣大虛空內喚請此無間長壽。༔
被散漫的念頭偷盜、掠奪、毀損或削弱的長壽，༔
我以無念本淨明覺之非造作本質來喚請此長壽。༔
奠基於輪迴、涅槃和修道所產生的迷惑上的長壽，༔⑧1
我在事物恆久純淨的本質中喚請此長壽。༔
如果沒有止滅，就沒有什麼會變得老邁，༔
因此我也喚請無止滅和無衰老的長壽。༔
如果沒有生，就沒有死，༔
因此我也喚請無生無死之長壽。༔
阿　阿　阿。༔

她繼續說道：「你從凡俗的人道來到這個淨土，是多麼幸運。你那麼令人感動。」她流下淚來。接著，她喚來一個名叫阿波的女孩來陪伴我，帶領我出去。

尊貴的白度母對我說：「達娃多瑪，我的女孩，是我安排你離開凡俗的人間，帶領你到這個淨土。但是現在讓你和我留在吉祥山的時機尚未成熟。[82]

「有一個比這個吉祥山淨土更高的淨土，具有五種了義（五種確定）。[83]那是住於十地者的覺受的領域。在那個淨土，大悲者[84]的報身被無數的男菩薩和女菩薩所組成的眷屬環繞，正在教授《大悲蓮花舞主》密續。

「在這個淨土上的是離於戲論的法身淨土。住於這個法身淨土的咕嚕貝瑪，無別於本淨怙主[85]之本然自我化現，他正在傳授群眾教法。在師徒群聚中，上師和眷屬的證悟心意是無別的，呈現超越象徵、文字和俗念的直接教導，即名爲《自生本覺》[86]的大圓滿無上密續。

「這個年頭，缺乏能直接接觸這些層次的福報。因此，一再地祈願要這麼做。不要跟人談論你曾經來到這個淨土。」[87]

在這個時候，我感受到極深刻的痛苦，我以爲我的心要碎了，我感受到那麼深刻的哀傷，我以爲我可能失去理智，我感受到徹底的迷惘，我無法想起我在那個時候所想的任何事物；我的覺知是困惑而迷惘的。淚水流了下來，彷彿我的眼睛要掉出一般。我心想：「即使我現在或許能夠謁見蓮師，但是我並沒有正式的供養可以獻給他，沒有金或銀，沒有曼達供養，甚至連一條哈達也沒有。」

度母立刻從她綁有絲帶的箭上取下一條極長且無瑕的白絲帶。由於我心懷極大的疑慮，因此我以為那支箭會因此而縮小。但是度母說：「它絕對不會縮小，因此不要那麼吝嗇。」她又說：「現在不是哭的時候。去見蓮師，並且向他請求你所希冀的任何事物。不論他給你什麼，不論是金、銀或寶石，都不要取走。相反的，你要請求他給予你一條上有五化身圖案的藍色絲巾。[88]你也要請求他喚醒你從前世所和他結下的業緣，請求你利益眾生的行為不帶偏見且沒有分別，請求你獲得直接感知輪迴下三道眾生的能力，並且鼓勵這些眾生向善，請求你所做的任何祈願都圓滿成就。」

接著，我看見另一座由紅水晶建成的宮殿，有著兩幢鄰接的廂房，有如一件衣服上的兩條珊瑚色袖子。進入這座宮殿不需要鑰匙；相反的，在大門的正上方有一個紅色的象徵性字母。一位白髮女子站在門口，膚色猶如一只海螺殼那般白。她有一口完整無缺的牙齒，被稱爲長壽力天女。她授與我一個祈請長壽的儀軌，並且給我一顆有著六個切割面的水晶。但是我清楚地覺得我不應該接受那顆水晶，因此我把它放在一個堆滿米粒、其安排的圖案讓人聯想起印度花樣的曼達盤上面。

然後，我來到一座巨宅，它是那麼廣大巍峨，規模無法正確估量。其屋頂飾有寶石。在巨宅內，我看見數百支用孔雀羽毛製成的傘、絲質勝幢、緞質壁幕、錦質罩篷、珍珠串成的珠環和珠鍊、不可思議的大量供品、堆積如山的豐盛薈供有如決堤般滾落，猶如一汪洋的甘露漩渦。在這個如同普賢如來無與倫比之供養雲⑧⑨的壇城中，大量的神聖三昧耶所依物超越偉大化樂天天眾的財富。⑨⓪光線從一個巨大無比的寶座，無限地自各個方向散放出來。這個寶座的長寬高尺寸難以推測，其高度甚至高於一幢三層樓的建築。在寶座上有一個由三堆墊子疊在一起的坐墊，上面覆蓋著多彩的絲布，有著千瓣蓮花的圖案。

坐在寶座上的是鄔金的上師貝瑪多軫札，即無死湖生金剛。他即是心髓，他是一切皈依和一切勝者之總集，是力量強大、一切勝者證悟心之主，是十方一切勝者智慧、慈悲和能量三種功德之結合，也是雪域西藏王國所選擇的唯一本尊。

他白色的身相略帶紅色。他的右手持金剛杵，左手持一只顱骨做成的顱杯，內有一只盛滿甘露的長壽寶瓶。在他的左手手肘彎內，握有一支金剛祕密三叉戟。㉛他的雙腿以國王安適坐姿輕鬆地交盤。他身穿一件如緞子般光滑的褐紫紅色絲斗篷，一件正式的、有著金線圖案的紅色袈裟，以及一件天眾的白絲襯衣。他頭戴一頂蓮冠，只要一見這頂蓮冠，就能夠帶來解脫。

當這個女孩注視著偉大鄔金比例完美的臉壇城時，我是貪得無厭地凝視著。我所有慣常的、模糊的覺知自然地止息，我感覺到一種不可說、不可思議和無法言喻的狀態，如同一個嚐到蔗糖的啞子一般。㉜我短暫地安住在這種心的狀態中，又喜又悲。

在偉大鄔金周圍四大方位之上，有四個賦予大樂的本淨明覺空行母，身穿色彩繽紛的絲袍，她們如幻的身體如同光團。當她們唱著讚歌時，她們在四個方向揮舞著長壽箭和長壽寶瓶。

在這張寶座右邊有另一張高聳的寶座，上面坐著尊貴的慈悲大師、偉大的三重金剛持

⑬、無上的導師德千多傑（即直美卡玉旺波）。他是過去許多生世一連串殊勝轉世最新的有力化現，在這些轉世之中包括松贊干布（尊貴的觀世音菩薩以法王松贊干布的身相化現，藉以保護雪域西藏的北部），以及努布南寧和達波達德。⑭德千多傑的身相甚至比以前更令人印象深刻，⑮橙黃色僧袍的「勝幢」令他光彩奪目。他頭戴一頂有著長耳罩、頂端尖尖的學者帽，手上拿著一只手鼓和鈴。在他周圍的四大方位上，我看見四位白色的空行母手中握著繫有藍絲帶的箭。在他的前方有一位深藍色、表情忿怒的空行母，身穿一條多彩的絲腰帶，手握一支繫有藍絲帶的箭。

在中央寶座左邊的寶座上，坐著一位圓滿一切事業的了悟上師吉美巴沃（也叫做札貢秋），他是拉尊南卡吉美⑯的轉世，並且曾經是札噶恰楚仁波切⑰的心子。他有著深藍色的膚色，身穿平滑的絲袍，頭戴一頂學者帽。他用雙手握著一只寶瓶。在有成就的大師中，他是一位王者。在他的生世之中，已經圓滿了悟結合本初清淨和任運顯現的密乘四相（譯註：此四相分別為「法性現前相、證悟增長相、明智如量相、法遍不可思議相」）。⑱他的心已經融入在一種狀態，即凡俗的現象（諸法）都消失在實相的眞實本質中。在他周圍的四大方位上，有四位身穿紅絲袍的紅色空行母，在他的前面有另一位空行母。

我也看見一萬個左右的空行，他們是本然明覺的持有者，頭戴孔雀羽毛帽。他們周圍的虛空充滿了無可計數、數十億個天女，這些天女對這些空行施行供養，供品從飲用水、沐浴水到花朵和食物。有些天女手持金剛杵和鈴，有些拿有著握柄的小手鼓，有些拿著鐃鈸、金鑼、海螺殼，有些（在四大方位上）天女手持白色、黃色、紅色和綠色的喇叭。在西方的喇叭是以珊瑚製成，由兩位身穿橙色袍子的空行母吹奏；她們說，其所吹奏的喇叭具有吸引眾生走上祕密金剛乘的特殊作用。大腿骨喇叭完全是以人的股骨製成，而不是以紅銅或黃銅為材料。(99)大約有一百位天女吹奏嗩吶。約有一百位身穿黃袍的佛壇守衛，她們的左肩上掛著傳統的多彩絲巾。

我問其中一位空行母：「這裡舉行的是什麼共修儀軌？」

她回答：「我們正在舉行善逝八令薈聚儀軌和供養法會，這是舊譯派教法的精髓。」(100)

此時，許多集會的成員站起身來。我難為情且害怕地也跟著站起來，一再快速做著大禮拜。我向前靠近，把偉大全知的蓮師雙足放在我的頭頂上。我供養他一個由珍貴金屬和寶石製成的曼達，以及一條無瑕的白絲長哈達。接著，偉大的鄔金把他的手放在我的頭上，並且念誦「七句祈願文」。

我的叔叔卡玉旺波開始說道：「有了長壽的力量，你的生命應該是無限的……」然後他揮舞一支長壽箭，念誦喚請長壽力量的儀軌。

札貢秋則吟誦：

本淨明覺的覺知是栩栩如生地清晰。༔
本淨明覺的火炬乃眾生之明燈。༔
燦爛而莊嚴，明燦光亮༔
即明覺咒語之王，持眞言咒語的大師。༔
阿༔ 帕༔ 阿༔ 帕༔ 阿༔ 帕༔

我一直跪在一個白絲坐墊上不停地哭泣，所流下的眼淚像水一樣在水晶地板上聚集。最後，出於勢不可擋的痛苦，我呼喊著：「喔，殊勝的叔叔，你已經拋棄了有情眾生，尤其拋棄了我們這些弟子、僕人和你鍾愛的對象。叔叔，你不留痕跡地前去淨土，這個女孩所感受的痛苦大過她的心被扯出來的痛苦。你其他的弟子和僕人也有相同的感受。叔叔，我衷心地向你祈願，你一定得爲了眾生返回人間。在你證悟的體現重現人間之前，這個女孩不會到任何地方。我懷著愼重而刻意的意圖前來此地。我已經來了，我已經見到你；我見到你，我已經提出請求。我乞求你，讓我對你所提出的所有請求都具有意義！」我再度開始哭泣，雙眼溢滿了淚水。

直美卡玉旺波顯露出深刻的情感。他回答：「達多，我的姪女，你所說的話肯定是眞實的，但是你不應該感到不樂。在我和偉大的鄔金上師之間，沒有絲毫的分別。儘管有『生』與『死』的傳統標籤，但是對我而言，在究竟的意義上，我完全沒有生或死的錯誤見解。「所有曾經和我這個老人德千多傑結下任何因緣的有情眾生——不論是結下惡緣或善緣，都已經像一群鳥，被彈弓所投出的卵石所驚嚇一般，[101]被帶領至妙拂州的吉祥山，三身勝者的淨土。即使現在，我可以鄭重地對你說，那些有能力向我祈願的弟子和僕人，將在祈願的同時成佛。

「因爲我的緣故而受苦的你，要對你的虔敬心保持警戒，把上師視爲法身佛。對你的悲心保持警戒，了解輪迴六道眾生是你的父母。對你修持的善行保持警戒，不要因爲自私的發心而染污了你所從事的任何事情。對你的持咒和禪修保持警戒，不要落入世間八法，[102]了解光是六字大明咒對你的修行就已經足夠。對你正式的修行保持警戒，把一切納入你眞實的心之內。切勿犯錯！切勿犯錯！

「一旦你脫下這個人類的軀殼，我將帶領你們所有人來到這個淨土，如同一隻母鵝帶領小鵝一般。我在三寶面前發誓，你看看我會不會這麼做！當你返回人間，把所有這些話講給東美昆敦聽，講給該地區的家家戶戶聽，以及講給我親愛的弟子聽。如我所說的，即使他們直接見到我，除了這些話之外，我無話可說。」

在說這些話的時候，他給予我大量的薈供飲食。我又做了三個大禮拜之後，離開德千多傑。

在一座有著八條藍綠色龍的水晶宮中（這八條龍的龍爪抓著寶石，分別盤踞在八個主要和次要方位上），我發現一張吸引人、有著枕頭和靠墊的臥床，於是我躺了下來。一位空行母成了我的侍者。我想我短暫地睡了一下，之後便被一隻藍綠色孔雀「阿嗚哎歐腌姆」（A a u u e o am）⑩³的叫聲喚醒。

我立刻返回殊勝的蓮師那裡，像之前那樣請求謁見。我做了許多大禮拜和供養。在我殊勝的叔叔面前，我再度流淚哭泣。「你不但已經離開我們這些懷抱希望的人，現在我們唯一的皈依怙主也只有東美恰楚仁波切。如果我們仰賴東美恰楚仁波切的功德耗盡，那麼痛苦將大於一個沒有嚮導而掉下斷崖絕壁的盲人。我們能夠做什麼來確保仁波切的生命將沒有障礙，如此他就能夠完全圓滿利益眾生、滿足眷眾和弟子的任務？」

卡玉旺波叔叔看起來很關心掛慮。「這肯定是一個站得住腳的論點。」他說，「東美恰楚仁波切將會再活十一年。但是在大限來到之前，他可能會有一些輕微的病痛，因此舉行和他的年齡相同次數的儀軌來阻擋前來迎接他的空行母隊伍，在太陽升起的方向供養他的肖像，⑩④將會有所幫助。如此，他肯定會活那麼長。」

我問：「你什麼時候會回來？」⑩⑤

他回答：「目前我應該前去名爲屍陀林火山的淨土，教導那裡的聚眾《傑尊心髓》。⑩⑥在此之後，可能會有很多人說我的轉世將會以什麼樣的方式出生，但是不要把這些事情寫下來，因爲這些事情需要一個祕密封印。

「現在，我的女孩，你留在這個淨土是有危險的，你不應該再回到這裡。⑩⑦返回人道去利益眾生。在過完三年之前，我應該會再度於人間轉世。」

雖然我和皈依對象離別的痛苦很巨大，但是我做了返回的準備。我大聲吟誦「七句祈願文」三次，對蓮師、對我的叔叔以及對三寶做了多次特定的祈願。我被給予「康卓謝拉卻登」（意指「智慧明燈空行母」）的名字，做為我曾經造訪妙拂州吉祥山的一個表示。許多眾生聚集在那裡演奏音樂，空行母們擔任我的護衛。我的身體蹣跚搖晃，我的心充滿執著，但是我束手無策。當我做著無數次的祈願時，我的眼淚無法控制地流了下來。

然後我們朝人間出發。空行母策旺巴瑪和我再度見面，她送給我七粒甘露丸[108]，以及一個立方體、以石英水晶製成的空行母寶盒。由於我沒有拿這只寶盒，因此她對我念了一篇優美的祈願文：

願諸佛的教法弘揚。
願上師們的壽命穩固。

願眾生擁有大樂與幸福。ཨོཾ

願一切眾生覺醒成佛。ཨོཾ

我也再次和空行母拉吉旺嫫切相遇。她給我白絲、稻米、成束的焚香和其他物品。我和她待在一起的時間不長。她說：

願這個女孩擁有大樂和幸福。ཨོཾ

願這個女孩了無障礙。ཨོཾ

願這個女孩擁有保護和皈依。ཨོཾ

願這個女孩能夠利益眾生。ཨོཾ

然後我再次見到明妃曼達拉娃。一個表情忿怒的女子從她的托缽裡倒出看起來像炭水的甘露，並且供養給我。曼達拉娃說：

願有情眾生被賦予安樂。༔
願他們離於一切痛苦。༔
願他們永遠不離安樂。༔
願他們了悟諸法平等。༔

接著，我遇見日巴[109]南卡烏薩。他說：

殊勝菩提心：༔
願它在尚未生起處生起。༔
願它在已生起處永不退減༔
一再地增益！༔
嗡嘛呢貝美吽。༔[110]

然後，我見到空行母耶喜措嘉。她給我看起來像樹汁的白色液體。她唱了一首結合含有蓮師名號的咒語歌曲，但是我沒有把這首歌寫下來。她供養以下的祈願文：

給這個女孩達娃多瑪，◎
在凡俗的人間，◎
在她眼睛所及之處，◎
在她的肉身之內：◎
當她在東方注視東方的時候，◎
願她看見一個水晶守門人。◎
當她注視南方，注視南方，◎
願她看見一個黃金守門人。◎
當她注視西方，注視西方，◎
願她看見一個珊瑚守門人。◎
當她注視北方，注視北方，◎
願她看見一個綠松石守門人。◎

當她唱金剛咕嚕咒（譯註：即蓮師咒）的歌曲時༔
願她看見貝瑪炯涅（譯註：即蓮師）。༔
當薈供在此舉行時༔
願這個女孩前來造訪這個淨土。༔
願她用身體的或言語的方式，༔
帶領那些與她結緣的有情眾生，⑪༔
前往妙拂州。༔

她告訴我：「在陰曆月的十日、二十五日、十五日和新月日這幾天來到這裡。在這些日子裡（譯註：即神變日），一個人行爲的效果會乘以一萬倍。」

她補充說道：「你今日啓程，不要哭泣。」但是當她陪伴著我走一百步之後，自己卻流下眼淚。她說：「除了我今天走的這麼一小段路之外，其實我從不去任何地方。」又走了一百一十步之後，我回頭看著她。我非常執著她，但是她喊著：「不要因爲這個而不開心。」

再往前，我再度抵達空行母旺嫫的住所。其中一個門房領我去見她。由於我們之間強烈的因緣，我因爲懼怕我們將要分離而哭泣，空行母也留下幾滴眼淚。她送給我一把穀物。她說：「我沒有空護送你，但是我確實有一個訊息要你帶回去。你斷然地斬斷和人道的聯繫來到這裡，你這麼做沒有過錯。萬一你發現自己無法從一隻殘酷的鱷魚或一條凶惡的毒蛇口中掙脫，[112]你就一邊撒下這些穀物，一邊說：『這來自空行母旺嫫之手。』」

接著，我遇見八位空行母，並由她們護送。這八位空行母包括先前提及德格地區的空行母玉哈。當我們談到我在淨土的經歷時，我們一再地流淚哭泣。「今晚留在這裡，」她說，「如果我能夠給予你無量壽佛、揚大黑魯嘎和普巴金剛三本尊的灌頂，喔，空行母，那麼你將成爲一個高尚的空行母，將能夠爲特別的祖古、喇嘛、善知識和殊勝的轉世德童驅除他們長壽的障礙。」但是我沒有時間領受這個灌頂。

我繼續向前，白度母警告我不要說任何有關惡兆的話。我再次見到蔣揚欽哲旺波。他刻意顯得比之前我見到他時愉快，他對我輕笑。他對我合掌，而白度母則說了以下的話：

不論你合掌與否，

不論你有信心與否，

此一尊貴白度母的再生

將前去凡俗人間。

接下來，攝政王蔣巴明久派了五位空行母組成的護衛隊來會合。為了驅除我對地獄道眾生的恐懼，他給了我一條金剛繩和一個從石板刻下來的金剛杵，以及一個雕刻在石頭上、蠍子形狀的結。他念誦諸如以「殊勝菩提心……」⑬為開頭的祈願文。

當我繼續向前的時候，白度母說：「既然你沒有帶著那只我們應該帶回人間、用水晶製成的空行母寶盒，那麼帶這個沒有必要的石結回去有什麼用處？」於是我把石結丟在地上。

然後在一片岩面的遮蔽之下，我看到一個有大願的淨土，一座廣大浩瀚的水晶宮。在東門上，有一把水晶鎖，大約是我袖子的尺寸。在門的左上方和右上方是兩尊無量壽佛的佛像。在這兩尊佛像之間，我看見由下至上，分別以藏文、蘭札（Lantza）和城體（Wardlu）⑭

字體書寫的六字大明咒。在那裡，空行母玉哈（我之前遇見的空行母）和我碰到一個來自佳恰拉家族、名叫阿當的女孩。她和玉哈非常高興，像凡俗世間的人們一般親吻和擁抱彼此的頸項。

在宮殿的一張高聳寶座上，坐著一位有著白鬍子的高齡喇嘛。在他前面一側的寶座上，坐著我父親東美吉美多甲的姊姊，她的名字是阿希多瑪。一位把頭髮纏在頭巾內的女子，對他們兩人提出許多關於佛教教法的問題。那裡大約有兩萬個女子，包括在家女眾和受戒尼師。她們所有人都手持金屬製成的酥油燈，吟誦祈願文。

當我靠近他們時，阿希多瑪說：「把以下的話帶給吉美多甲：『我已經投生在這個大願淨土。我們的雙親都投生在桑格噶瑪，⑮成為力量強大的密續行者，在那裡利益眾生。你小時候的名字叫做玉札寧波；你現在叫做什麼我不清楚，但是你在今生既從事了善業，也犯下了惡業。置身輪迴中的凡人很難不做出善惡混雜的行為，但重要的是，你獲得了一個人身。去實現這個人身的潛能時機已經成熟，因此你要持誦六字大明咒，並且要偶爾從事閉關。如此，毫無疑問地，你死後將立刻投生妙拂州的吉祥山淨土。』」

我也做了熱切的祈願。

這是我短暫所見的吉祥山。我，喇嘛東美家族的一個謙卑女兒，名叫做達娃多瑪，在死亡五天期間，見到吉祥銅色山、普陀山及其他地方。這些記述沒有博學多聞者的美麗詞藻，沒有古典詩歌的精雕細琢，也不符合正確的格律。但是我也沒有把空行母的祕密語言弄得不可理解。

這些記述是這個女孩的閒談和胡言亂語。當我在東美地區的嘛呢札西隘口頂上述說這些經歷時，由俄雅圖巴⑯書寫記錄下來。如果這些記述有任何錯誤，我要對眾多空行母和護法懺悔。願所有對這些清淨經歷感興趣的人，甚至所有聽聞我名號的人，都投生妙拂州吉祥山淨土。

順緣，順緣，順緣！

撒瓦　瑪噶朗（Sarva mangalam）——願一切吉祥。

【註解】

①原稿的第一頁遺失了，因此翻譯從第二頁第一面開始。這段話似乎是啓偈的一部分，特別說明達娃多瑪的動機。

②「七句祈願文」是一篇知名的蓮師祈願文。蓮師也是眾所周知的咕嚕仁波切（Guru Rinpoche）。他是印度金剛乘佛教的大師，在第八世紀從印度旅行至西藏，在當地進一步建立佛教的傳統。西藏人把蓮師敬為「第二佛」。在藏傳佛教中，關於虔敬心的修行大多把焦點放在蓮師身上。

③空行母（dakini）是一個梵文辭彙，在金剛乘佛教中，被用來表示體現證悟事業的女性本尊，或在一個比較世俗的層次上，被用來表示一個已經證得了不起的修行成就的女性。與空行母相對應的男性是空行（daka）。多傑玉瓊是十二位天瑪空行母（tanma dakinis）之一，立誓護衛佛教和西藏。

④在大乘佛教中，從初見空性為實相之真實本質到完全覺醒成佛之間，有十個了悟的層次（十地）。一般而言，菩薩是遵循大乘修道的人；而就比較技術的層次而言，菩薩是指至少已經證得初地（第一地）者。

⑤本地的神祇是力量強大的非人，居住並管轄特定的地區，控制氣候和土壤的狀況。在西藏文化中，人們重視和所在地的神祇維持和諧的關係。「岩」（nyen）是力量強大、尚武的地神。

⑥在藏傳佛教中，祖古是已故上師的轉世，經過正式認證、升座和教育來繼續實行前任轉世的事業。此處提及的三位祖古是東美昆敦、東美創巴和直美卡玉旺波。他們是達娃多瑪的老師，以及她記述裡面的主要人物。此外，直美卡玉旺波是她父系的叔伯，在此處所描述的事件發生之前過世。

⑦嘉楚（Jatrul），意指「嘉（Ja）的轉世」，是註解⑥所提及的三位祖古的弟子。他聲稱達娃多瑪注定要成為他的明妃。然而，達娃多瑪的家人拒絕把她嫁給嘉楚。嘉楚在非常失望的情況下，怪罪於達娃多瑪的父親吉美多甲拒絕給予他命定的妻子。

⑧當人類違背金剛乘的誓戒或三昧耶戒時，他們轉生為非人的惡魔，在藏文中被稱為「當斯利」（damsri），或「違背三昧耶的惡魔」。這些惡魔不但體驗到自己違背誓戒的惡果，同時也用行為慫恿其他人違背相同的誓戒。

⑨輪迴三原（three planes of conditioned existence）是指地底世界、地表世界和天界。

⑩業本尊（karmic deity）是和一個人有最強烈的業緣的本尊。這種業緣是由於前世的因緣所建立。

⑪鄔金是梵文「烏帝亞納」（Oddiyana）的藏文名稱。這是一個傳說中的國度，當地的居民是金剛乘佛教的高深行者。最可靠的記述指出鄔金即是今日的喀什米爾。

⑫食子（tormas）是藏傳佛教傳統特定的供養儀式。

⑬在此，達娃多瑪說的是東美昆敦。在後來，她也把東美昆敦稱為恰楚仁波切，即「殊勝的無上化身」。一個人的根本上師是指出心真實自性的老師。

⑭東美寺（Tromge Monastery）是達娃多瑪的老師們居住和傳法之處，該寺遵循藏傳佛教的寧瑪傳承和薩迦傳承。

⑮自從十一世紀以來，喜金剛是藏傳佛教「新譯派」最高密續之主要密續（參見註解㉛）和本尊。在薩迦傳承中，喜金剛是一個重要的修行法門。

⑯在金剛乘的象徵意義中，金剛持是一個法身佛或究竟實相。

⑰在她的整個記述中，達娃多瑪用第三人稱「這個女孩」稱呼自己。這或許是因為她對著一個謄寫人口述這些記述，以及她虛心和自謙的緣故。

⑱阿彌陀佛是長壽佛，修持阿彌陀佛的法門可以延長壽命。揚大黑魯嘎和普巴金剛是忿怒本尊，其修法可以保護修行者免於障礙。有與三身（three kayas）或證悟者之層次相關的淨土。吉祥銅色山淨土是眾多所謂的化身淨土之一，就某種意義而言，這種淨土存在的方式類似我們自己所存在的凡俗世界，但是只有具深刻內觀和證量的人才得以進入化身淨土。報身淨土是由一種不間斷的、清淨非肉身的層次所構成。法身淨土是無色的實相本質，超越任何戲論。在這個章節中，達娃多瑪的經歷完全發生在一個化身淨土的背景脈絡中，雖然她的指引度母在這個章節的稍後部分提及其他兩個層次的淨土（參見第三十九至四十頁和註解㊷）。

⑲在金剛乘佛教中，灌頂是一種儀軌，准許領受灌頂者修持一個特定的本尊修法。德童（掘藏師）是重新發現和顯露伏藏教法的人。拉吉多傑（Layki Dorje）是十四世紀寧瑪派的上師，發現了許多重要的伏藏教法。

⑳在真正的本覺覺受之中，一個人可能會突然了知以前所不知道的事件、語言、概念等等。

㉑即一九二四年。

㉒這些是金剛乘佛教的教法。之所以是祕密，乃是因為這些教法既是甚深的（只有在適當的引導下才得其門而入），也保密於上師和弟子之間。這種教法常常使用「咒語」，但是就辭源學而言，咒語這個辭彙表示「護衛心者」，使心免於迷惑的思考模式。

㉓生起次第和圓滿次第是正式的金剛乘修法的兩個次第。生起次第主要把重點放在觀想和持咒；圓滿次第比較是處理高深的瑜伽技巧和無色的禪修。

㉔穢跡金剛（Bhurkakuta）是一個本尊，與清淨毀損或不淨的三昧耶有關。

㉕關於六道輪迴的解釋，請參見「導言」。

㉖《正覺自在》（*The Natural Freedom of Enlightened Intent*）是十四世紀的掘藏師噶瑪林巴（Karma Lingpa）所發現的伏藏。

㉗嘛呢咒是指觀世音菩薩的咒語「嗡嘛呢貝美吽」（Om mani padme hung），也被稱為「六字明咒」。

㉘在一天當中，不同的時間和息、增、懷、誅四種證悟事業有關：早晨和息有關；晚晨和增有關；下午和早期的傍晚與懷有關；晚期的傍晚則和誅有關。

㉙這些儀軌是以蓮師的西藏明妃耶喜措嘉為焦點。在藏傳佛教中，薈供是一個重要的儀軌，用來增長修行者的證量，並且彌補修行者所違犯的誓戒。

㉚這段話涉及一個不證自明的佛教觀：由於一切眾生的心續，自無始以來已經歷了生生世世的轉世，因此所有的眾生在某一個生世曾是一個人的父親或母親。

㉛偉大的鄔金是指蓮師，因為他不可思議的出生是在鄔金這片土地發生的。三寶是佛教修道最高的修行原則——佛、證悟心（舉例來說，在釋迦牟尼佛身上體現）；法，由這樣一個佛所給予的教法，帶領其他人獲致證悟；僧，修行和了悟這些教法的人，因此能夠做為修道上的指引和友伴。

㉜菩提心（覺醒或證悟的態度）有兩個面向：利他慈悲的相對菩提心，以及了悟空性為諸法（現象）之真實本質的究竟菩提心。

㉝這個量度提供了一個令人信服的證據，證明她的德洛經驗是真實的，而不是一個精心設計的騙局。

㉞這個層次的障蔽源自於心在中陰，或介於死亡和再生之間的中間狀態，在受胎、懷孕和出生期間所受的創傷。這個記述部分說明為什麼祖古們可能無法完全回想前世所發生的種種。

㉟頂髻尊勝佛母是金剛乘的一個本尊，特別和清淨惡業之果及障蔽有關。

㊱藏文「多瑪」等同於梵文的「度母」（Tara），在西藏，人們常常替女性取這個名字。竹清多瑪是一個尼師，照料和教導幼年時期的恰度仁波切（而仁波切挖苦地說，他記得竹清多瑪常常打他的屁股）。

㊲在金剛乘佛教中，五部佛（five Buddha families）是在禪修中把本尊分類的一個方法，他們也可以把凡俗不淨的習氣轉化為清淨而真實的面向。在此，包裹達娃多瑪頭部的藍布，藍色即表示金剛佛部，象徵把瞋怒轉化成為本覺的清淨面向，反映了一切事物如一面鏡子般明晰。

㊳東美昆敦的另一個尊稱。

㊴拉曼慈仁（Lhaman Tsering）五姊妹是五個女神，她們原本是世間的靈體，但是被蓮師調伏之後，成為佛教教法的護持者。她們和聖母峰周圍地區有關，受到西藏人的信奉崇拜。

㊵「驅除修道障礙」是一個知名的祈願文，也是在第十四世紀發現的伏藏的一部分。「金剛上師」（vajra guru）是蓮師的咒語：嗡阿

吽班雜咕嚕貝瑪悉地吽（Om ah hung vajra guru padma siddhi hung）。白度母和綠度母的咒語是：嗡塔拉度塔列度列梭哈（Om tara tuttare ture soha）。紅度母的咒語是：嗡塔列瑭梭哈（Om tare tam soha）。

㊶在度母對達娃多瑪的授記中，都詳細說明了所有這些細節。

㊷殺死動物所造的業染污這樣的衣物，並且阻撓她成就德洛的經驗。

㊸在與「里悉」（rishis）或洞見者之星宿有關的特定季節所下的雨，因其藥性而被西藏人收集儲存。

㊹在此，「昆茲」這個辭彙（藏文，等同於梵文的「阿賴耶」alaya）是指連細微的概念念頭都沒有的前意識層次。

㊺這些在禪修時生起的三種覺受，是成就的暫時徵兆；但是修行者必不可執著於這三種覺受，視其為目標，因為這麼做將會限制修行者的修行進展。執著於大樂的覺受，將使修行者轉生成為欲界的天眾；執著於明晰的覺受，將使修行者轉生成為色界的天眾；執著於無念明覺的覺受，將使修行者轉生成為無色界的天眾。而欲界、色界和無色界都在輪迴之中。

㊻在此，所謂的「尋常」（ordinariness）是指根本的、真正的、非造作的事物。

㊼在金剛乘的儀軌中，一支飾有絲帶的箭象徵長壽和繁盛。

㊽在佛教的宇宙論中，我們的世界是由四大洲所構成，這四大洲環繞著一座主要的山，四大洲的兩側則各有附洲。附洲妙拂州位於中央這座山的西南方，我們的世界（南贍布洲）的西方。蓮師駐錫於妙拂洲，降伏了一群原本會蹂躪橫行於我們的世界的嗜血惡魔。

㊾雲的意象表達了達娃多瑪浩瀚而靈妙的覺受。

㊿蓮師在蓮師淨土的駐錫地。

51 梵文持明（vidyadhara，本然明覺的持有者），意指已經發現他或她自心真實本質的人，這種心的真實本質即證悟明覺的本然狀態（因此而「持有」這種覺受）。

52「鄔金的湖生金剛」（Lake-Born Vajra of Orgyan）是蓮花生大士的一個常見名號。

53 在金剛乘佛教中，金剛亥母是無上密續部的女性本尊。

54 梵文如來（taghagata，已經達到真如之狀態者）是佛的另一個名號。

55 我們無法確認這個人物；他似乎是一個真實的歷史人物，也是達娃多瑪的友人。

56 念珠是一串珠子，像天主教用來誦經的念珠一樣，被用來計算念誦咒語或祈願文。

57 念誦本尊金剛薩埵的百字明咒是金剛乘用來清淨一個人的惡業之果和障蔽的技巧。

⑤⑧這是從理想的、格式化的觀點來描述宇宙的最長版本。在觀想中，這個宇宙被供養給信心所屬的對象，做為積聚功德和深刻內觀的一種方法。

⑤⑨被沐浴的女子是一個空行母，因她修行的證量而投生蓮師淨土。

⑥⓪蔣揚欽哲旺波是一個偉大的上師，生於一八二〇年，於一八九二年圓寂。十九世紀，以西藏東部為中心的一項改革運動中，他扮演具有相當影響力的領導角色。雖然在名義上他是薩迦派的喇嘛，但是他從事廣泛的研習，具有藏傳佛教所有宗派的傳承。

⑥①佛經是佛陀的談話，形成小乘佛教和大乘佛教各顯明宗派的經典基礎；密續是比較祕密的經典，構成金剛成佛教教法的基礎。

⑥②三藏是指佛陀的經藏、律藏和論藏。

⑥③在舉行金剛乘儀軌期間，金剛杵和金剛鈴是握在手中的法器。金剛杵象徵善巧方便，金剛鈴象徵對空性的了悟。

⑥④在請求謁見一個上師或請求上師正式傳法的時候，獻上一條白巾（哈達）是西藏常見的習俗。白色的哈達象徵一個人純粹的誠意。在獻哈達之後，上師常常把哈達放回呈獻者的頸項上，做為一種加持。

⑥⑤德格是西藏東部主要的文化和行政中心。此處所指的空行母是一個真實的女子，生於達娃多瑪所處的時代之前。

⑥⑥《中陰教法》是伏藏教法的一部分，其中一部分已經被翻譯成為英文版的《中陰聞教得度》（*Tibetan Book of the Dead*）。

⑥⑦《無垢懺悔密續》是一部密續的一個章節，被藏傳佛教的寧瑪派做為一個廣為流行的懺悔儀軌。

⑥⑧寶瓶氣的持氣練習是一種持氣的形式，被廣泛地用在金剛乘高深的禪修法門中。

⑥⑨這三種修行包含《龍欽心髓》（*Heart Drop of Longchenpa*，藏文 Longchen Nyingt' hig）的伏藏教法中，這部教法在十七世紀由吉美林巴（Rigdzin Jigmed Lingpa）取出。關於這部教法，請參見法王頂果欽哲仁波切的著作《如意寶》第九頁（*The Wish-Fulfilling Jewel*，中文版由台北雪謙文化出版，英文版在一九八八年由美國波士頓的香巴拉出版社出版），以及一九八四年由美國佛乘（Buddhayana）出版、祖古東竹（Tulku Thondup）所著的《寧瑪派之密續傳統》（*The Tantric Tradition of the Nyingmapa*）第一七四頁。

⑦⓪此處所謂的叔叔，即是她父系的叔叔吉美卡玉旺波。

⑦①曼達拉娃是印度札霍（Zahor）王的女兒，也是蓮花生大士的明妃，協助蓮花生大士獲得長壽的力量。

⑦②這是七句祈願文一個著名的修訂版本。

⑦③魔羅是限制一個人的覺受和把人束縛於輪迴之中的力量或眾生。常常被舉出的四種魔羅分別是指：煩惱、死亡（擬人化為死神閻羅王）、構成尚未覺醒之個人的身心五蘊，以及阻止心獲得更高層次的禪定力量（擬人化為「天眾之子」，the children of the gods）。

⑭在金剛乘佛教中，白色和藍色和東方有關，黃色和南方有關，紅色和西方有關，綠色和北方有關。

⑮「大約一只袖子的長度。」

⑯伏藏符號（༔）表示，在這個記述中的各種引言構成一種伏藏或心意伏藏，由達娃多瑪取出。

⑰在藏傳佛教寧瑪派的體系中，普賢如來是法身的體現；法身即究竟實相，無法形述也不可說。普賢如來這個名稱意味「全然真實」。

⑱蓮花王（貝瑪嘉波，Padma Gyalpo）和貝瑪多彰札是蓮師特定面向的名號。

⑲古代佛教印度的一個瑜伽女，她是傳授許多寧瑪派教法的主要人物。請參見祖古東竹所著之《寧瑪派之密續傳統》第十七頁。

⑳結合善巧方便和智慧的一個隱喻。

㉑梵文輪迴（samsara）和涅槃（nirvana）分別代表一般未覺醒、造作的存在狀態，以及一個佛之正等正覺、非造作的狀態。

㉒這個陳述表示達娃多瑪沒有真正死亡，但是必須返回她在人道的肉體中。雖然度母在此提及報身和法身層次的證悟者的其他淨土，但是在這個章節中，以及從此以後所發生的事件，都發生在吉祥銅色山淨土中。

㉓這五種了義是報身的特徵，即固定有圓滿的上師、圓滿的眷屬、圓滿的環境、圓滿的教法和圓滿的因緣。

㉔觀世音菩薩的一個名號。

㉕即法身佛普賢如來。

㉖阿底瑜伽的十七大密續之一，或寧瑪派的大圓滿法門。

㉗她顯然覺得重述她的經驗所帶來的利益，勝過違背度母訓諭的後果。

㉘根據恰度仁波切的說法，這可能是指貝瑪多彰札五個面向的壇城。

㉙在這個理想供養行為的著名隱喻中，普賢如來不是一個法身佛，而是佛經中的一個菩薩，以能夠藉由禪定的力量，任運創造供養而知名。

㊵在這個輪迴欲界天（Nirmanarati heavens，其字面意義為「樂化」）的天衆，擁有如此大量的功德，因此他們能夠毫不費力地散放出所想要的任何感官歡悅。

㊶三叉戟是證得三身的一個象徵。

㊷這是一種常見的隱喻，用來形容無法用一般語言和概念來表達一個人之真實自性的直接覺受。

⑨³持守佛教修行之三種層次的誓戒者。這三種層次的誓戒是指聲聞乘（小乘）的別解脫戒、大乘的菩薩戒，以及金剛乘的密續三昧耶戒。

⑨⁴松贊干布是第七世紀西藏的統治者。雖然藏傳佛教是在數個世紀之後才統一鞏固，但佛教卻是在松贊干布統治期間傳入西藏的。努布南寧（或名為南開寧波 Namkhai Nyingpo）是蓮師在西藏最親近的二十五位弟子之一。達波達德比較為人所知的名稱是「岡波巴」，他是密勒日巴的弟子，藏傳佛教噶舉派的創始者，生於一〇七九年，圓寂於一一五三年。

⑨⁵在他死亡之前，達娃多瑪在人間已經認識他。

⑨⁶他是一位西藏上師和伏藏師，一生大部分的時間都居住在錫金。他生於一五九七年，大約圓寂於一六五〇年。

⑨⁷札噶寺是一座寧瑪派的大寺院，距離達娃多瑪家鄉的東美寺大約一天的路程。這兩座寺院之間的關係密切。心子或心女是表示非常親近的弟子。

⑨⁸四相是大圓滿了悟的次第。「本初清淨」和「任運顯現」這兩個辭彙是大圓滿的兩個修行次第，藏文為「徹卻」（立斷入本淨）和「脫噶」（任運頓超）。

⑨⁹同一個藏文字可以用來指稱用人的大腿骨製成的喇叭，或用紅銅和黃銅製成的類似樂器。

⑩⁰舊譯派即寧瑪派。此處所指的儀軌是娘．尼瑪．沃瑟（Nyang Nyima Odzer）在十二世紀取出的一部重要伏藏教法的一部分。

⑩¹這個隱喻用來表達往特定方向快速而毫不猶豫的動作。

⑩²利與衰、毀與譽、稱與譏，以及苦與樂。

⑩³這些是梵文的母音。

⑩⁴在這個儀軌中，人們以一種象徵性的方式演練大喇嘛的死亡，用供養和肖像來滿足會威脅喇嘛壽命的力量。在這個儀軌中，由五位年輕女子所表演的五空行母之舞是主要的元素。這五位空行母被供養所阻擋，無法將喇嘛的心識引導至淨土。

⑩⁵即「你什麼時候將投生人道？」

⑩⁶由傑尊森給旺矩（Chetzun Sengge Wangkhyug，十一世紀至十二世紀）在一百二十五歲證得「虹身」（或虹光身）之後所立即編纂的教法。這些教法由蔣揚欽哲旺波（一八二〇至一八九二）取出。從大圓滿的觀點，虹身是最高的證量，修行者的血肉之軀轉化成為虹光身，只有具有極大修行成就的人才得以接近虹身，以其做為一種引導的力量。證得虹身者會住於世間，直到輪迴眾生盡空為止。

⑩⁷這麼做會讓她面臨真正死亡的風險，使她的心識無法重新進入她的身體。

⑩⑧甘露丸是指在特殊儀式中被加持過的藥丸，可以把加持傳送給那些服用甘露丸的人。

⑩⑨「日巴」是指只穿一件白色薄棉衣的瑜伽士，例如密勒日巴。

⑪⓪這是源自《入菩薩行論》藏譯版的一句著名偈誦。印度寂天大師的《入菩薩行論》是大乘佛教的一本名著。

⑪①就字面意義而言，是指「透過嘴巴或手」。

⑪②根據恰度仁波切的說法，這可能是指達娃多瑪在返回人間的路上，可能會碰上的凶猛守門人。稻米（穀物）是一種保護的形式。

⑪③參見註解⑪⓪。

⑪④蘭札體是一種裝飾性的字體，西藏人用這種字體來書寫書籍的名稱，刻印在經輪上等等。這是一種北印度的字體，藏文所謂的「有頭」（headed，藏文「烏千」uchen）字母即是以這種字體為基礎。城體（Wardhu，或 Wartula Gupta）是另一種北印度的字體，藏文的「無頭」（headless，藏文「烏沒」umed）字母是以這種字體為基礎。

⑪⑤西藏南部達波（Dagpo）省的一個地區。

⑪⑥這個人也被稱為「嘉楚」（Jatrul）。參見註解⑦。

第二章

水晶鏡中的倒影：不淨六道輪迴之衆生

禮敬宇宙尊主觀世音菩薩。

你的千手是一千位宇宙聖王；
你的千眼是此一賢劫之千佛。
你以一切必要的方式顯現來調伏眾生。
我頂禮尊貴無上之觀世音菩薩。

保護我們免於八種恐懼①的觀世音菩薩，我頂禮；
帶領我們走上善三道的觀世音菩薩，我頂禮；
帶領我們走向解脱的觀世音菩薩，我頂禮。
我向度母頂禮，因爲度母，所有的因緣都充滿意義。

他們吉祥的身相與一切諸佛結合；
他們是金剛持明的心髓；
他們是三寶之根本。
我向上師們頂禮。

藉由禮敬、供養、發露懺悔、隨喜他人之功德、祈請上師傳法，以及懇求諸佛住世，

我所積聚的任何微小善行，

回向給無上之正等正覺。

現在，對佛法有遠見的昆敦仁波切，

兩位非常仁慈的祖古，②

給予我生命的慈祥雙親，

以及其他一再敦促驅策我，直到我無法忽視他們，

於是我寫下這有如滄海一粟的記述。

我這個名叫達娃多瑪的謙卑女孩，

已經生起清淨的發心，進入佛法之門。

我已經棄絕不良的舉止，以及有害不善的行爲。

我已經儘可能地供養三寶，並竭盡所能地佈施乞丐。

我已經全心全意地行善。

我已經改掉不良的態度，只用慈悲的方式行事。

一些人說：「她的投生是一個幸運的投生，」

並且把他們自己列入我忠實虔敬的弟子之列。

其他人說：「她既非神也非魔。」

不論他們怎麼說我，很難把他們所說的話信以爲眞。

無論如何，我是一個少有希冀和需求的女孩。

我不希求獲得名望。如一位英雌般尋求崇高地位的重擔，我也沒有力量承擔。

我不渴望財富，也不尋求獲得一絲一毫的利益。

我不希望去說教講道，也缺乏伶牙俐齒和舌燦蓮花。

即便如此，由於圓滿清淨的利他心（菩提心），

我覺得我可能會影響一些眾生的心，

於是我將講述一條絕無謬誤、正確可靠的崇高道路。

如果你把這條道路視爲眞實，那將是你對自己所做最仁慈的事情，

藉由做道德的抉擇，你確保了自己的安康。
因此，仔細傾聽我的話語！

這是我死亡和旅行至地獄的故事。
地位崇高、備受敬重的喇嘛們，
坐在寶座上有權有勢的統治者，
以及操弄歡樂、聚藏財富的富者——
當他們死亡到地獄道的時候，
沒有一大群僧侶聚集的盛況，
沒有身帶刀劍武器的士兵遊行，
沒有大量的食物或財富來祕密行賄。
崇高的身分地位，殘酷無情的權勢和力量，
富者的財富，美人的秀麗身軀，
靈巧機智和巧妙的辯詞，
都無法欺騙或愚弄閻王。

在這個人道，有哪個人長生不死？
有哪個人沒有和家人朋友分離？
有哪個人沒有把財物留在身後？
有哪個人沒有從高位落下？
如果有這樣的人，你們可就好了！

我們談到地獄的時候，彷彿那是一個遙遠的處所，但它不是。
我們談到中陰③的時候，彷彿那是其他可去的地方，但它不是。
死亡如影隨形地纏著我們。
如果你記住死亡不可避免，你就是最聰敏的人。
當死亡來臨時，父母和子女、配偶、親戚和朋友、金錢財富等會提供絲毫的利益或皈依嗎？你看看吧！
他們是把你送往下三道的最大傷害。④
那麼什麼具有利益？絕無謬誤的三寶。
如果你保持一個崇高的善心，念誦六字大明咒，

你將不會進入輪迴的下三道，
而會獲得無上之正等正覺。
嗡嘛呢貝美吽啥。

喔，上師們和三寶，不要不給予我們皈依。⑤
尊貴的觀世音菩薩，不要不給予你的慈悲。
尊貴的白度母和綠度母，做我們的皈依怙主。⑥
喔，勝者們和你們的子嗣，教導我們解脫道。
嗡嘛呢貝美吽啥。

在介於死亡和再生之間的中陰狀態的空虛天地，
一個人沒有可以皈依的父母。
在這個陰鬱陌生的地方，
凡俗眾生流浪徘徊，絕望無助，
嗡嘛呢貝美吽啥。

現在，我將要述說我如夢似幻的經歷。我這個女孩達娃多瑪向上通過一條陌生而可怕的狹道時，碰見謝拉東瑪。她是拉薩政府一個大臣拉噶夏葛家族的女兒。由於她是本尊金剛亥母的一個轉世，因此所有那些曾經與她共享財物或食物，或曾經從她那裡接受過財物或食物而結緣的人，都將被帶領至妙拂州淨土。因此，她曾經現身輪迴下三道，帶領大約一億個眾生離開惡趣。當我遇見她時，她正在用極端動人的旋律唱瑪呢咒（譯註：即六字大明咒），使所有在場的眾生生起信心而熱淚盈眶。

尊貴的白度母（和我個人結下業緣，曾經在眾多生世引導我的本尊）和謝拉東瑪都以看似凡俗的身相顯現。她們對彼此的舉止親暱，如同母子相會一般。此外，謝拉東美對我所表現出的行爲似乎充滿虔誠而恭敬。然後她唱了以下的歌曲：

嗡嘛呢貝美吽啥。

有五條道路：白色、紅色、藍色、綠色和黃色。

你，女孩，知道要走哪一條道路。
白度母，帶領她走上那條道路！
白色的道路向西通往極樂淨土，
阿彌陀佛的淨土。
紅色的道路通往妙拂州，
蓮師的淨土。
藍色的道路通往普陀山，
觀世音菩薩的淨土。
綠色的道路通往檐木山，
尊貴度母的淨土。
黃色的道路通往善三道（upper Realm of Flowers），
攝政王蔣巴貢波的淨土。
如果你無法決定要遵循哪一條道路，
那麼死後在中陰流浪徘徊沒有意義。

你，達娃多瑪，知道何去何從。
願你抵達你所尋求之境。

我乃金剛亥母之轉世。
對於那些藉由語言或碰觸而結緣的人，
沒有輪迴的下三道。

從妙拂州的吉祥山，
前往人間。
願你獲得走上解脫道的加持。

她繼續說道：「我的女孩，返回人道對你或許是有必要的。但是你才十六歲，你的心智能力尚未發展成熟，而且投生成爲一個女人，你將幾乎沒有任何威信。在這個末法時代，有情眾生將難以相信你的記述是眞實的，因此你能夠爲眾生帶來的利益將會減損。」因爲憐憫我，她淚如雨下。

引領我的白度母對這些話似乎感到有點不悅。她回答：

凡俗女孩和這個女孩不一樣，
因爲她是白度母的一個化身。
她是一個懷抱善心的女孩。
她是一個懷抱慈悲的女孩。
她是一個英雌，有著充滿勇氣的心。
她是一個授記證實的空行母。
她是四位喇嘛的外甥女。

無垢之卡玉旺波已經暫時離開前往妙拂州；
這個女孩前去妙拂州，希望會見他。
她來到這個地方，對她仁慈的父親不帶執著；
她來到這個地方，對她仁慈的母親不帶執著；
她來到這個地方，對財物、食物或財富不帶執著；
她來到這個地方，對朋友或僕人不帶執著。

無別於文殊菩薩，⑦
怙主，千佛之事業化身，
乃皈依主，偉大的薩迦蘇南澤摩。⑧
他以善知識的身相顯現的化身，
殊勝的轉世喇嘛東美恰楚，
試著一再拖延她，說：「不要去！」
但她不加聽從，前來此處。
她也碰到深不可測、只有從淨觀才可見的境地。
如果她返回人間，
她可以述說棄惡揚善的道德抉擇。
她可以轉變有情眾生的心。
她可以爲有情眾生成就無可估量的利益。
她可以述說在這些地方的所見所聞。
她可以再度造訪這個淨土。

所以沒有必要待之以憐憫，
妳心中也不需要覺得不悅。

然後我們繼續前進。

在通往漫長可怕的中陰入口，有一個東美昆敦仁波切的親弟子喇嘛嘉蔣。他的頭髮綁束成髻，身穿白布披巾和白布裙。雖然我非常希望和他會面，但是我們沒有彼此接觸，我很快地繼續前進。我問慈悲的勝者之母：「我們那位喇嘛，了悟的嘉蔣，他從哪個地方來，從哪個方向來？是爲了什麼而來？」

白度母和綠度母回答：

那個了悟的、尤其尊貴的喇嘛以文殊菩薩爲名⑨
曾經依止一位親切和藹、極爲慈悲的上師。

由於他的業緣是巨大的，他生起圓滿的了悟；
由於他的精進力是巨大的，他充滿勇氣地修持佛法；
由於他的悲心是巨大的，他前來中陰傳授佛法。

嗡嘛呢貝美吽啥。

我還有更多的事情要說：數百位眾生像一場大風雪般向上飛旋；數千位眾生像一場大雪般降下。這些下降的眾生呼喊，他們的聲音如同一千隻龍發出的聲響，他們的眼睛流出一年降雨量的眼淚。從多沙隘口的頂峰下至地獄熾鐵的廣大平原，眾生的數量如同海洋中的沙粒般無可計數。他們如同母羊和小羊混雜在一起那般沒有休憩或閒暇。⑩他們的痛苦如同一隻乾地上的魚所受的痛苦那般深不可測。如同一個人試圖爬上一座沙丘一般，他們沒有脫逃的機會。如同被丟入燃燒的火爐一般，他們無法忍受這種痛苦。如同一個人在海市蜃樓中出現水的幻覺一般，他們經歷業所產生的迷妄顯象。慈悲尊貴的度母帶領著正經歷如此混亂業果的眾生！

嗡 塔列 都塔列 都列 梭哈。

在中陰一片廣大空虛的平原上，東美昆噶達給之女洛桑多瑪正在流浪徘徊。她所承受的痛苦不是非常巨大，也不是非常輕微。她對我說了以下的話，要我來講述：

把這些話告訴我的家庭成員：
如果你眞的覺得你的女兒在受苦，
光是念誦一次嘛呢咒就會帶來巨大的利益。
如果你能夠念誦《解脱經》，
儘可能多次地念誦嘛呢咒，
以及《無垢懺悔密續》，
我就能夠拋棄此一中陰身，
並且帶著清淨的三昧耶再生爲人。⑪

懷著一顆悲心，我從遠處對她喊出六字大明咒。她消失了，如同風中的羽毛般被帶走。

嗡嘛呢貝美吽啥。

在介於生死之間、位置非常高的多沙隘口上，有一片極爲荒涼陰暗的草原，一片廣大陰鬱的死亡草原。死亡之河呈渾濁的褐色，沒有可以涉水之處，只有洶湧的波浪。六座可怕的死亡拱橋令我毛骨悚然。可怕的閻羅王使者非常的粗暴貪婪。在沒有怙主的死亡之土上，眾生是如此的無助！

嗡嘛呢貝美吽啥。

東霍地區嘉登家族的媳婦阿噶，身陷沒有涉水淺灘的死亡之河，承受著不可思議的痛苦。這是她供養許多僧眾不乾淨茶的結果。我唱嘛呢咒，度母救度她，用一支繫著絲帶的箭把她拉出洶湧的褐色洪水。

我繼續向下前進到一個可怕的地方。那裡沒有光亮，那裡是如此陰暗，我只能看見前面一個手臂長的事物。火雨從上方落下，地面是由熾鐵所構成。融化的金屬在各個方向流動，各處散佈著各種武器。眾生的身體大約有一百嘚高（譯註：一嘚大約一點八二九公尺），他們的皮膚墨黑。他們大聲喊叫，如同一百頭母羊遇見牠們的一百隻小羊那般：「哎呦！嗚呼！哎呦！啊！喔，父親！喔，母親！救救我！好燙啊！」

這種混亂和可怕的景象似乎在某個時候消失了。

在另一片廣大平原的中央，豎立著一張黑色的鐵寶座，大約有一幢三層樓房屋的大小。這張寶座上面坐著閻羅法王。⑫他的身相呈黑紫褐色，可怕、忿怒而凶猛。他血紅的雙眼如日月般明亮，如閃電般閃爍。他的臉頰和臉部的其他部分長著肉疣。他的上半身穿著剛剝下來的象皮，腰部圍著一張人皮，下半身穿著一條虎皮裙。他用絲衣和許多骨頭飾品及珠寶飾品來裝飾自己。他的頭上戴著一頂由五個乾枯人的頭顱所製成的頭冠。他的右手拿著一塊命盤，左手拿著一面業鏡。⑬他以盤腿的姿勢坐著。從他的身體所散放出來的明燦光芒令人無法注視。

閻羅王的前面站著一個手持一面鏡子的蛇頭惡毒使者；閻羅王的右邊是一個拿著一只審判鼓的獅頭驕慢使者；閻羅王的後面是一個握著一把秤的猴頭批命使者；閻羅王的左方是一個手持名冊的牛頭阿瓦。他們的周圍環繞著數百萬個數也數不清的閻羅王使者，以有著各種動物頭形的身相顯現。

白度母和我做了三個大禮拜，並且供養以下的讚美詩：

如果有所了知，那麼只有這個——一個人的自心；
如果無所了知，那麼有偉大的忿怒閻王。
事實上，忿怒閻王是勝者，法身普賢如來。
我等在閻羅法王足下禮敬讚美。

如果有所了知，即有金剛薩埵佛；
如果無所了知，那麼有蛇頭惡毒使者。
事實上，蛇頭使者是瞋怒全然被清淨的證悟心。
我等禮敬讚美偉大的持鏡使者。

如果有所了知，即有寶生佛；
如果無所了知，那麼有獅頭驕慢使者。
事實上，驕慢使者是驕慢全然被清淨的證悟心。
我等禮敬讚美持審判鼓的偉大使者。

如果有所了知，即有阿彌陀佛；
如果無所了知，那麼有猴頭批命使者。
事實上，批命使者是貪執全然被清淨的證悟心。
我等禮敬持秤的偉大使者。

如果有所了知，即有不空成就佛；
如果無所了知，那麼有牛頭使者阿瓦。
事實上，牛頭使者是嫉妒全然被清淨的證悟心。
我等禮敬讚美手持名冊的偉大使者。

這些忿怒的死亡使者不知善或惡。
願那些沒有做任何事情的有情眾生不累積惡業，
不被帶領至無法逃脫、無法忍受的道路，
投生於無謬誤、無恐懼的淨土。

閻羅法王微笑地回答：「來自人道、能言善道的女兒，你積聚了什麼樣正面的善業？你積聚了什麼樣負面的惡業？你要從實招來，因為說謊於事無補！」

白度母站起身來，對閻羅法王做了三個大禮拜之後說道：「我要代她說幾句話。」

「很好。」閻羅法王回答。

「這個女孩是喇嘛東美家族的一個女兒。」白度母說，「至於她所行之善業，她竭盡所能地供養三寶，視三寶勝於自己。她擁有大悲心，不輕視惡人、托缽僧或乞丐，不認爲他們低下。她非常的慷慨。她雖然沒有常常修持佛法，但是卻鼓勵其他人修持佛法、行善。她總是懷有巨大的信心、虔敬心和菩提心。閻王，她從未犯下任何一個有害的行爲或不善的行爲。」

白度母說完這些話之後，閻羅王說：「現在，蛇頭使者會從他的鏡子裡面看看這些話是否屬實。」

蛇頭使者凝視著鏡子說道：「影像如同太陽從雲層後面出來。」獅頭使者擊打審判鼓說：「聲音悅耳。」猴頭使者用秤來衡量，然後宣布：「她的善行極爲顯著突出。有害的行爲幾乎不超過一兩個。」最後，牛頭使者看著名冊說：「等一等！你有沒有犯下一些有害的行爲，例如把鳥蛋摔爛在地上，或任性地發脾氣？」

對此，閻羅法王輕笑道：「呵，呵！我的女孩，即便你充滿悲心，但惡人的過失深重。如果我懲罰一些人，而不懲罰另一些人，那麼即便我是懲罰惡行的閻王，我肯定也要面對怠忽職守的後果。因此我將把你再送回人道，但是你應該懺悔你所犯下的有害行爲，並且儘可能地行善。把地獄的景象、那些已經過世的人所說的話，以及閻羅法王的忠告記在心裡。把這些話講給其他人聽，並且鼓勵所有人修持善業。」

我環顧四周，看見一個名叫碧麗瑪、來自竹帕地區的女兒。一條如松樹樹幹那麼粗的黑蛇，從頭到腳地盤繞在她的身上，彷彿她被包裹在一條毯子裡面。閻羅王的使者大聲吼叫：「哈，哈！呵，呵！」發出震耳欲聾的喧囂聲。她淚眼汪汪，如同汪洋般渦旋。我聽到她哭喊著：「喔，爸爸，媽媽，救救我！」

使者們喊叫道：

喔，殺蛇的壞女孩，
對你的父母哭喊沒有用處。
這是你的報應。
你將在此一千劫無法逃脫。

這是她在田野間收割大麥（青稞）時，殺了一條蛇的結果。她的老母親擔憂這個行爲所帶來的後果，曾經對她說：「你這個殘忍的小孩，不要哭。懺悔這個行爲吧！」這個女兒放聲大笑，投生地獄則是其業果。

另外一個女孩名叫帕吉，來自雅貢地區。閻羅王的部下把一只鐵篩放在她的上方，再把火熱滾燙融化的金屬經由鐵篩從頭到腳傾倒在她身上，發出嘶嘶的聲響，她的肌肉和骨骼因而燒焦灼傷。她嗚咽著，無法大聲哭泣。閻羅王的使者大聲叫嚷：「喔，壞女孩，你在人間的時候，在一群出家僧眾旁邊廝混，開始對這些僧眾嘻笑調情。你衣服的布邊揚起灰塵。一位僧人說：『切勿如此行止！切勿積聚惡業！』但是你沒有聽從他的話。現在發生在你身上的事情，即是你讓僧團不悅的結果。在一千劫之內，你將沒有機會解脫。」

慈悲的勝者之母（譯註：指白度母），揮舞一支繫有絲帶的箭；我這個女孩唱誦嘛呢咒。帕吉從下三道解脫，投生在她祈願前往的淨土，但是她仍然必須經歷行爲的某些結果。

嗡嘛呢貝美吽啥。

接著，我看到來自特羅地區、名叫阿娜的老婦人。當滾燙融化的金屬從她的嘴巴注入時，她的身體從頭到腳地碎裂。我看著她一次又一次地經歷這種痛苦。據說，這是她曾經毒害一位喇嘛的結果。⑭

阿索地區的丁拉、卡雅及其他人——事實上，來自阿索地區的大多數人，正在中陰流浪徘徊。仁千達給也在那裡流浪徘徊。尼瑪霍惹已經投生等活地獄。⑮大約也有十個來自阿吉地區的人在那裡流浪徘徊。一些人已經投生地獄道，一些人已經投生餓鬼道。⑯

在他們之中，有一個人名叫阿波，他的頭大如一個大陶缸，身體醜陋變形得可怕。他的嘴巴如同一根針的針眼那麼小，食道只有一根馬毛那麼細，他的胃卻有一整座城市那麼大。他的指甲刺穿了緊握的拳頭三次。他找不到食物可吃；火舌從他的嘴巴傾瀉而出。他正在經歷無法想像的痛苦。

我問：「是什麼行為讓這個男人承受這種痛苦？」他們說，他從未把三寶當做上位者來供養，而且幾乎不佈施給比他低下、在輪迴下三道的眾生。他只給予小量的供養，而且總是貪得無厭，懼怕會耗盡食物。

我的舊識阿塔來自東霍地區的坦帕家族，也置身其中。他對母親和近親所捎的話是：「切勿放棄修持善業、念誦嘛呢咒、修持不動如來⑰的儀軌，以及佈施大型僧團。」

那格家族的札西東竹也投生此地，正在承受無法想像的痛苦。我問同行的度母：「這個男人做了什麼行爲，使他經歷這種痛苦？」

度母回答：「沒有護守他的三昧耶戒，行爲傲慢自私，心想：『我會得到這個嗎？』以及『我會得到那個嗎？』」

他要我對他的家人說以下的話：「請爲我念誦七千萬遍嘛呢咒和《解脫經》，懺悔你所從事的有害行爲，以及對大眾供養回向祈願文。」

嘉索阿桑投生餓鬼道。我所認識和不認識的其他人也投生此地，他們的數量不可思議。餓鬼道令人恐懼驚駭。餓鬼道的眾生極端消沉，因爲他們永遠無法找到任何食物和飲水。他們的頭髮向上豎立，他們的身體消瘦憔悴，他們的嘴巴如同針眼，他們的喉嚨大小如同馬毛，他們肚子的大小如同整個國家，他們的四肢如同草莖。他們的指甲非常長，穿刺了他們的手九次。

大多數餓鬼手裡面有一些蔣揚欽哲旺波⑱回向給他們的唾沫，但是他們必須先承受數百年或數千年的痛苦，才能張開他們的嘴巴舔一舔這些唾沫。除了這短暫的喘息之外，他們找不到任何慰藉。他們全都痛苦地喊叫：「我該吃什麼？我該喝什麼？我餓！我渴！哎呦，哎呦！嗚呼！」

餓鬼道的守衛擺出各種食物和財富，然後手中握著尖銳的劍張目怒視。餓鬼們受到飢餓的驅使，前來偷盜這些食物和飲水，以致他們的身體被利劍劈砍，因震驚而哭喊。

阿修羅和居住在須彌山⑲山坡上的天眾爭鬥，他們正忍受著劇烈痛苦。他們嫉妒天道的顯赫富裕，以及能和天女又唱又跳的嘻笑調情，而他們只有飽受被天眾擊敗、無法想像的痛苦。天眾投擲有著尖釘的鐵餅、弓箭和三叉戟，以及把輪狀武器裝在醉象的鼻子末端。阿修羅道的眾生經歷著被殺害和被截斷肢體不可思議的痛苦。他們也彼此爭鬥，發出震耳欲聾「殺，殺！」和「打，打！」的叫聲。這種聲響彷彿一千隻龍的吼叫般迴響。

連我自己都被所目睹的景象所懼。由於我曾經把一顆鳥蛋摔在地上，因此我必須通過所有的槍林彈雨。但是我專注於一境地向大悲觀世音菩薩和尊貴的度母祈願，並且吟唱六字大明咒三次，於是那震耳欲聾的聲響似乎漸漸變得越來越輕柔。

大約有五千位羌陵地區的人和無數個中國人投生在阿修羅道。許多貴族似乎也投生此處，其中最重要的人物是羌陵地區的一位將軍洛桑天津。曾經投生阿修羅的人數多得不可思議，其中包括望賈家族和度札氏族的人，他們大多數都死於刀刃之下。

我繼續前進，在一個滿是花朵的園子內，發現一個非常老邁的天眾飽受疼痛之苦。一些友伴走進他，對著他投擲花鬘，並且說：「一旦你拋棄肉身，願你投生人道，修持十種善業，⑳然後再度投生天道。」他們一邊說這些話，一邊拋撒花朵。這位老邁的天眾經歷無可想像的痛苦，彷彿他的心已經爆裂，他的身體已經融化到沙子裡面。

在人道的七千年，大約是天道的一個星期，因此天眾的壽命可以由此來計算。在他們死亡前一個星期，他們所忍受的痛苦遠比那些在無間地獄的眾生來得嚴重。當他們的業耗盡時，由於他們的念頭受到諸如驕慢等煩惱的染污，事實上他們能夠看見未來投生輪迴下三道的處所。這將爲他們帶來更劇烈的痛苦，且這種痛苦比投入火坑自殺更猛烈。

嗡嘛呢貝美吽啥。

我繼續前進，在地獄道遇見給策家族的卡多。卡多正在一間極爲巨大的鐵屋內收集土壤、岩石、草和木頭（我質疑他這種行為的必要性），尤其是綠松石、珊瑚、水晶、天青石、黃金和銀。然後一群閻羅王的使者把土壤、岩石和所有的寶物堆在他的身上。他痛苦地叫喊。每當他試著逃跑，就被阻止。在此之後，他必須看著珍貴的寶石和金屬如風中的羽毛般消散，他心中的痛苦就再一次增強。然後如之前那般，他收集財寶和食物，接著又被這些財寶和食物壓擠。他分分秒秒都在交替地經歷各種形式的痛苦。

我問：「是什麼行爲導致這種痛苦？」

度母告訴我：「這是他貪圖所見的一切、對他所聽聞的每一個人心懷惡意、對他所想的每一件事情只存邪見的結果。這是不修持善業，反而去從事不善和有害行爲的結果。其中包括攜帶一條精美的念珠，卻因爲饒舌閒語和無益的談話而分心。」

卡多要我捎回這些話：『對我的媳婦策荻說：『你佩戴瑪瑙和珊瑚，但這對我沒有好處。你對我沒有慈悲嗎？你不曾爲了我而貢獻你的財富去請求一個喇嘛和我結緣。對我而言，沒有什麼比毘盧遮那佛壇城南門本尊不動如來的清淨儀軌具有更大的利益。』」

我念誦六字大明咒，於是他至少得以短暫地休息。但是如之前那般，他又開始經歷迷妄的覺知。

除此之外，有許多喇嘛和僧侶在一間美觀的鐵製房屋內。雖然一開始他們看起來很溫和，但是他們的心突然變得煩擾不安，開始大聲說著粗鄙卑劣的言語。我懷著不可置信的心情走近他們，看見火焰從他們的口中噴出，煙霧從他們的鼻口冒出，鐵鋸在他們的頭頂上發出嗡嗡的聲響。當我問他們是什麼行爲導致這樣的結果時，他們回答，在爲信眾（包括生者和死者）修持儀軌期間、在和已經完成正式的本尊修持的瑜伽士交誼時，以及在他們的寺院參加共修時，他們曾經進行無益的談話。他們的交談曾經打斷其他人的修法，他們在舉行薈供期間爭吵，並且製造刺耳的噪音。

一個流浪的朝聖者出現，他衣衫襤褸，攜帶一根有著風馬旗的棍子。㉑閻羅法王和他的隨從顯現，欣喜地說出以下的話：「這對佛法有多麼大的利益和好處啊！沒有什麼比殊勝的風馬旗更棒的了。風馬旗是佛法的根本。嘛呢咒是佛法的精髓。悉地咒（siddhi mantra）㉒可以使眾生從中陰的狹窄通道中解脫。紐涅齋戒儀軌（譯註：即觀音八關齋戒）是顯示解脫道的老師。十萬個嘛呢石是佛法之寶鬘。㉓拯救生命的行為是修道上的車乘。鑄造擦擦㉔可以避免投生輪迴的下三道。前往朝聖是淨除惡業的掃帚。用大禮拜來表達禮敬可以根除過患。度母是皈依的外在來源。積聚功德和智慧（本淨明覺）資糧是為來世做準備。悲心是佛法的中樞。因此，我的孩子，快樂地前往普陀山吧！」

那位朝聖者通過，並且帶領大約一千位透過語言和碰觸而與他結緣的眾生前往。

嗡嘛呢貝美吽啥。

尊貴的度母對我說：

喇嘛來到面前卻沒有脫下帽子的人，
一旦經歷了地獄道之後，將再生成爲一頭大角羊。
僧侶來到面前卻沒有起身站立的人，
一旦經歷了地獄道之後，將再生成爲一個瘸腳的人。
那些沒有供養潔淨酥油燈的人，將投生在火坑之中。
那些跨過或讓衣物覆蓋代表三寶物品的人，㉕
將投生成爲啞巴或骯髒的蟲子。
那些在寺廟吐口水或噴鼻涕的人，
將投生泥盧都地獄。
那些吃當天被宰殺的動物肉、卻沒有透過懺悔來加以清淨的人，
將投生成爲嗜血的惡魔。
侵佔盜用三寶財物的無用食客，
將投生成爲餓鬼或餓鬼道的守衛。
那些把尚未加持的酒喝光的人，

將投生叫喚地獄。
那些使用出家僧眾座位的人，
將投生孤獨地獄。
剝除三種象徵塑像的法衣，
隨便侵佔盜用僧團的財物，
尤其是偷盜僧團公共財物，
搶奪或毆打獨自閉關的瑜伽士——
這些行爲將使人投生八寒地獄。
因爲瞋怒而累業的人，將投生爲地獄道眾生；
因爲貪婪而累業的人，將投生成爲餓鬼；
因爲愚癡無明而累業的人，將投生成爲畜生。
願那些經歷輪迴下三道的有情眾生
投生普陀山。
嗡嘛呢貝美吽啥。

同樣的，也有許多來自嘉索家族的人。貢波達給被鏈在沒有涉水淺灘、褐色死河的六拱橋中央，毫無被釋放的希望。煙霧從他被燒灼的肌肉升起，令他承受著無可想像的痛苦。虎頭和鹿頭地獄使者看守著他。他說，念誦嘛呢咒是清淨他的痛苦和過失的一個方式。如果其他人能代表他懺悔其所犯下的有害罪行，將會帶來巨大的利益。

我問度母，是什麼行為導致他面臨這種結果。度母回答，當這個人是其居住地區的統治者時，並沒有適當地分配財富和食物，或者公平公正地對待他人，而且他心懷惡意的做事。

獵鹿人策望貢波置身等活地獄。他說，如果其他人將能夠清淨惡業果報的《解脫經》刻在石頭上，他就得以解脫。我問，是什麼行為導致這種結果。度母回答：「屠殺無害的鹿。」

札西旺秋在黑繩地獄中受苦。他要我帶以下訊息給人間：「如果人們為他各念誦一億遍金剛薩埵百字明咒、嘛呢咒和悉地咒，他就能夠獲得人身。」

嘉索族人之中，有許多懷著善心的人——喇嘛、僧侶和在家眾，置身於淨土。其中包括老和尚貝瑪卡桑、慈仁東竹、東策，以及一個名叫巴中札霍的人。巴中札霍說，他投生淨土是出自直美卡玉旺波仁波切的慈悲。

絕大多數來自那哈氏族的人，曾經精進地修持佛法，因而投生普陀山淨土。那些沒有與聖者結緣、將人生用來從事有害行爲的人，正一再地投生輪迴的下三道。一個名叫胡雷布中的和尚，正在中陰受苦。一個名叫那塔阿盧卻登的人，有了一個幸運的再生。洛登桑波置身度母的檐木山淨土。

拉里永登雖然曾修持善業，並且放棄有害的行爲，但是他抱持非常嚴重的邪見，因此投生在一個處所，被囚禁於一幢房屋內，由該處的四位使者看守。當我詢問永登，我是否應該在人間請人代表他修持善行，那位老和尚回答，我應該讓他承受自己的業果，直到業耗盡爲止。他說，受這樣的苦三年之後，他會投生普陀山淨土。

昆桑和天津望賈已經投生普陀山淨土。康鐵家族的桑耶孟朗也置身普陀山淨土。他說：「我有話要帶給我最小的兒子。告訴他：『不要殺鹿、野生的羊或羚羊。不要過著小偷或盜匪的生活。不要說謊或詛咒。不要盜取兄長的物品或與兄長爭鬥。念誦嘛呢咒，修持紐涅齋戒儀軌，並儘可能地修持善業！』」

一位名叫東瑪的女子已經來到普陀山淨土，向眾多喇嘛祈願。一位來自那塔地區、名叫阿當的祖古，也在普陀山淨土。他說，雖然他為了利益眾生，曾經轉世在雅戎地區的阿波喇嘛家族，但是由於他在那個生世所面臨的障礙，以致他沒有住世利益眾生而圓寂入涅槃。餓鬼貢波仁千也在那裡。他說，他投生普陀山淨土是緣於東美昆敦仁波切的慈悲。

在距離普陀山淨土八萬個層級之外，我來到一片巨大、可怕的暗紅色岩石的峭壁面，高度等同於三千大千世界。㉖在各式各樣無數的武器中央、一座由可怕骷髏堆疊而成的堡壘旁邊，死亡之主閻羅王正在吸吮輪迴三界㉗的生命與氣息，含納輪迴三原㉘於他的腹中，並且無一例外地把所有死亡的眾生投擲在拷問台上。閻羅王張開血盆大口，抽動的舌頭向後捲曲，露出尖銳的虎牙，並且伸出雙手去攫取。他真令人害怕。他有著一個男人的身體，一頭紅色公牛的牛頭，頭上有一對尖銳的鐵角，一雙瞪視的眼睛如日月般閃亮，灼燒的火舌從他的口中射出。他具有風的速度和敏捷，可怕而轟鳴的笑聲撼動天地。當我看到這可怕的忿怒景象、聽到他震耳欲聾的怒吼時，覺得自己好像要昏厥了。

閻羅王把這個娑婆世界南瞻部洲㉙含納在口中（這張嘴似乎可以包含天與地），他的舌頭觸動上顎所發出的聲響，可以震動這個娑婆世界。曾經有一次，他緊閉嘴巴，就出現一個渦旋的暗紅色血海，但是今年只有幾滴如同露珠般的血滴。這是因爲東美家族的卡玉仁波切、札貢秋和其他聖者圓寂，因此那一年有許多眾生免於一死。㉚雖然有許多可怕的事情發生在我身上，但是我向尊貴的度母祈願，於是能夠堅定而無懼。

湯亞的貢波桑竹置身地獄道。我問度母，是什麼導致這種結果。她回答：「他擔任族長時，侵佔物品，藐視已建立的慣例。」

薩度家族章里之子多傑東竹，正經歷無法想像的痛苦。有許多來自西藏偏遠東部霍爾地區的貴族，有許多我不認識的人。當不可思議的悲心自我的心續生起時，我便唱誦嘛呢咒。

當我這個女孩達娃多瑪繼續向前時，一位身著白衣、長髮飄逸的瑜伽士向我走來，他的身邊環繞著一群空行和空行母。這位瑜伽士轉動著一個有著精緻錦緞罩子的經輪，雙腳騰空。他從我旁邊經過，前往地獄道。

當我問他欲前往何處時，他回答：「前往輪迴的下三道。我要去帶領所有那些曾經和我分享食物的眾生離開下三道。我是眾生的指引拓登巴沃，這個名字的意義是『修行證量的英雄』。」當他唱誦嘛呢咒三次，有著熾鐵的房屋轉變成爲水晶宮殿，那裡的所有眾生都轉化成爲光身。他動身帶領這些如同驚弓之鳥的眾生，前往普陀山無上淨土。

一切勝者之母、尊貴的白度母在心間合掌說道：

多麼美妙非凡的聖指引！

帶領所有那些與你結緣的無上舵手：

如果沒有緣，你無法帶領。

那些沒有與你結緣的人有多麼失望。

嗡嘛呢貝美吽啥。

在木棉樹㉛的頂端，黑鐵鳥正在啄出地獄道眾生的眼睛。在樹根之處，有一個可怕的女人抱著這些眾生的頸項，然後將他們的頭從身體上撕扯下來。我看到這些地獄道眾生無法不向他們走去，心想摯愛的伴侶正在呼喚他們。當他們奔逃時，武器便落在他們身上；當他們回頭時，武器便彈向他們，挖出他們的心、肺、肝、腸；當他們跑向上坡時，武器便插進他們的身體。他們的肌肉與骨骼化爲血。面對這種危險的眾生是好色淫蕩的喇嘛和僧侶、墮胎的尼姑，以及強暴尼姑的男人、或不滿足於自己的妻子而和其他女人交往的男人。

在地獄道，尚有那些地位崇高、我連名字都不敢提及的眾生，其中包括許多喇嘛和僧侶。索如家族的尼霍、東美氏族的和尚，曾經違犯誓戒。雖然他曾經投生爲人，但是在此之後，他因業力的緣故而墮入地獄道。在木棉樹樹根之處，武器沉重的負擔令他承受無法忍受的痛苦。一切勝者的慈悲之母（和我）唱誦嘛呢咒三次。他從鐵的重擔中解脫，然後離開。如果大眾儘可能地資助和佈施供養，委託念誦《無垢懺悔密續》和《懺過經》，如果人們爲他念誦崇高的回向文和祈願文，他就能夠投生妙拂洲的銅色山淨土。

來自這個索如家族、名叫阿楚的人，由於眾多殊勝者的悲心和不仰賴因果的眞實密乘，他曾經獲得人身；但是他死後，卻墮入地獄道。他在滿是木棉樹的山底下受苦。他的脖子上緊緊箍著一個鐵環，被帶著走，他的身體包裹著鐵衣。三個凶猛的鹿頭地獄道使者用有著蓮花握柄的剃刀打他、刺他、撕扯他，直到他的肌肉從骨頭上剝落下來爲止。

當我問是什麼行爲導致這種結果時，度母告訴我，他和喇嘛、和尙進行交易的時候偷斤減兩、說僧團成員的壞話、吹噓他是宗教舞蹈的大師等等。這種痛苦是這些不善業所不可避免的結果。我懷著悲心，從遠處念誦嘛呢咒。

這個已故的男人阿楚要我帶回以下的訊息：

我英年早逝，我是一個被死亡、
被與父母親屬分離而毀掉的年輕男子。
我留下帳篷、牧群和財物，是那麼的難以放棄。
我因爲自己的惡業之果而受苦——這些業果只爲了我而成熟。
爲了讓我從這種無法忍受的痛苦中解脫，

人們可以念誦嘛呢咒一億次，
念誦《甘珠爾》，㉜並把嘛呢咒刻在石頭上一萬次。
然後我將不會在此處受苦，我將獲得人身。
不要忘了這個訊息；把它捎給我的親人鍾里瑪。

那裡出現一個名叫嚴美多傑的喇嘛，他是雅戎地區的喇嘛貝瑪度督的親近弟子。他帶著一個經輪和一條念珠，以及五位弟子前來。他吟誦：

啥　我向上師——大悲者，祈願。
我向被選擇的本尊——大悲者，祈願。
我向空行——大悲者，祈願。
我向守護本尊——大悲者，祈願。
我向所有這些的總集——大悲者，祈願。

我祈願帶領所有那些與我結下善緣或惡緣的有情眾生前往普陀山。

嗡嘛呢貝美吽啥。

然後他沿著一條白色光芒的通道，帶領大約一千位眾生脫離十八層地獄。

來自竹帕地區的尼師阿尼布嫫，也帶著一個經輪和一條黃色念珠出現。她和一位侍者用一種非常優美的旋律，從遠處喚出嘛呢咒。這位尼師帶領大約一千個透過語言或碰觸而與她結緣的人，有受出家戒的僧侶和尼師、在家男眾（優婆塞）和在家女眾（優婆夷）、乞丐和盲人，沿著一條藍色光芒的通道，前往度母的檜木山淨土。

來自東美地區的老婦人搽紅，正在難以忍受的眾合地獄（譯註：或會合大地獄、堆壓地獄）被輾壓。她的尖叫聲在天際中回響。當我從遠處對著她呼喊一次嘛呢咒時，一個頭上有角的可怕地獄使者大嚷道：「嘿，嘿！光憑一句嘛呢很難有利益。」當我問是什麼導致這種結果時，所得到的回答是：「她在人間的時候，偷取山羊和綿羊，然後宰殺牠們。」

她想要帶話給她的兒子卻哈和女兒路祈。剛開始我拒絕為她帶回任何訊息，但是她一再哭泣地說：「你一定要替我帶話！你不能不把我的話帶回去！」於是我答應這麼做。

「告訴他們，」她說：「不要懷抱致富的希望；不要縱容瞋恨。告訴路祈，不要與蛇爭鬥而造惡業。㉝把嘛呢咒雕刻在石頭上。請閱讀《解脫經》和《無垢懺悔密續》。一再地念誦嘛呢咒。用崇高的方式回向善業。在忍受這種痛苦大約一千年之後，我將投生天道，但是仍會從天道的顯赫中墮落。」

她說完，繼續哭泣。

嗡嘛呢貝美吽啥。

接著，嘉戎地區洛家族的中年婦女朝我趨近。她追趕大約四千頭羊，並向下跳到一條血道上面。地獄的使者如牛頭阿瓦、猴頭命官和豬頭羅剎，這些數量不可思議的閻羅王使者追著她，大聲叫嚷著：「殺死她，殺死她！打她，打她！」這個女人像一片樹葉般顫抖，流淚地被帶到閻羅法王面前。閻羅法王怒火中燒，整張臉黑如煤炭，雙眼如同渦旋的血湖。

從閻羅王的嘴巴發出可怕的怒吼：「你這個凡俗的老女人，伶牙俐齒，你做了什麼樣的行爲？是善的還是惡的？不要隱藏或假裝。從實招來！」

閻羅王跺著腳，地面如同地震般振動。地獄的使者持續地大聲叫喊：「從實招來！」並且狂怒地一起跺腳。

那女人的臉色蒼白，不知道該說什麼。她用頭撞擊地面，用手撕扯胸膛。在場的地獄使者中，有她的兩個黑白業子。㉞那個皮膚白皙的孩子似乎無話可說，臉變得黑如煤炭。過了一會兒，他說：「她曾經想要供養一匹馬給札地區的倉楚祖古，但是到了要把馬奉獻出去時，這個老女人卻推托延遲。」

那個皮膚黝黑的孩子蹦蹦跳跳地說：

罪大惡極的女人在人間做壞事，
食人惡魔下令屠殺眾生，
狡猾殘酷的人，你記不記得其他的惡業？
你所想到的錯誤行爲，沒有一個你不曾犯過。

這是否屬實，閻羅法王心知肚明；
這是否如此，閻羅王的使者都知曉。
帶她到沒有解脫希望的道路上。

這個孩子說完後，閻羅王的一位使者用業秤來衡量這個老婦人的案子，那秤立刻往一邊傾倒。閻羅王在命盤上畫了一個記號，說：「帶這個人前往眾合地獄。她將在那裡停留數千劫，完全得不到釋放。」

一群閻羅王的使者大聲叫嚷著：「殺死她，殺死她！打她，打她！哈，哈！嘿，嘿！」投擲在她身上的箭、矛和劍，有如雨下。使者們把她的臉壓在泥土裡面，將她拖走。

嗡嘛呢貝美吽啥。

德格地區心胸狹窄的族長旺羌，是一個富裕有名男人的兒子。他的父親名叫竹札，母親名叫策揚多瑪。旺羌是一個非常有權勢的族長，取用他人的財富和食物。他是一個嚴厲好鬥的男人，毫無慈悲。當維持壽命的業力耗盡時，死去後並在中陰徘徊。

閻羅法王彷彿突然看到殺死自己父親的仇敵一般地叫嚷著：「快，閻羅王的使者們快跑，你們所有人都快跑！不要浪費時間，快把這個邪惡的旺羌帶到我面前來！」

閻羅王的使者們一邊大聲叫囂，一邊把旺羌拉過來。那些有榔頭的使者用榔頭打他，有鑷子的使者用鑷子拔扯他，有鋸子的使者用鋸子劈砍他，有劍的使者用劍割削他，有長矛的使者用長矛刺穿他，有斧頭的使者用斧頭殺剁他。在閻羅王面前，那個皮膚黝黑的孩子說了以下的故事：

這個邪惡的男人名叫旺羌

其行爲和念頭背離三寶。

他挖出高貴喇嘛的眼睛。

他犯下無數邪惡的行爲，

切下許多僧眾、尼眾、在家男眾和在家女眾的嘴唇和鼻子。㉟

他利用法律欺壓許多受過具足戒的僧侶，

並把他們打入牢獄。

他引起幾乎讓平民致死的飢荒。

他促使數千隻羊被屠殺。

他累積的不善業有須彌山那麼大。

他該受什麼樣的懲罰，閻羅法王知道！

閻羅法王聽完此一訴狀之後，立刻在他的命盤上做了一個記號，說：「把他帶到等活地獄，然後再讓他到八熱地獄的其他七個地獄，在那裡待上一萬劫，毫無解脫的機會。」閻羅王的使者們大叫：「殺他！打他！敲他！」他們把他的頭壓進泥土裡，然後將他拖走。

嗡嘛呢貝美吽啥。

有一個來自德格地區的年輕女孩，身上戴著一串瑪瑙，每一顆瑪瑙都有一幢房屋的大小。這串瑪瑙就掛在她脖子的鐵鍊上。她因瑪瑙的重量而備受折磨，也承受著無法舉起那些瑪瑙的痛苦。她曾經偷盜其他人的瑪瑙來裝飾自己，不論那些人的地位是高或低，因而得面對這樣的結果。

嗡嘛呢貝美吽啥。

我繼續前進，直到我遇到一個名叫慈仁的獵人為止。慈仁來自卡霍地區，被四個鹿頭地獄使者帶領著。他猶如一片葉子般顫抖，被使者們拖到閻羅法王面前。喔，他的兩個業子揭發他所有的行為，包括善的和惡的、正面的和負面的。

那個皮膚白皙的孩子說：「喔，閻羅王，殊勝的法王，這個男人沒有辦法給予他的大家庭食物、衣服或遮風避雨的處所。這個老惡棍一輩子都在做惡。儘管如此，如果你再給他一次機會，送他回到人間，他會非常清淨地修持善業，他將會成為一個俯仰無愧的人，將如是地回到你的尊容之前。」於此同時，那個孩子哭了起來。

那個皮膚黝黑的孩子提出以下的訴狀：

他，他！這個男人殺害三種在天空飛翔的鳥禽——禿鷹、鳶和老鷹。
他殺害三種居住在山間的動物——羚羊、鹿和野生綿羊。
他殺害平原上無害的土撥鼠。
他殺害居住在水中的三種動物——魚、水獺和青蛙。
他用陷阱和網子誘捕無害的動物。
他犯下有害和不善行爲。

閻羅法王說出以下的話語：

在有害的行爲之中，沒有什麼比殺生更嚴重。
以這個邪惡的獵人而言，
他承諾格茲氏族的喇嘛不殺生，
但後來卻犯下罪大惡極、連懺悔都無法補救的行爲。
現在帶他到嚎叫地獄。

他將生生世世受苦，不得釋放。

閻羅王說完後，在他的命盤上做了一個記號。閻羅王的使者把他的臉壓進泥土裡，然後將他拖走。

在地獄道尚有更多眾生是我的眼睛無法看盡，他們的數量是我的舌頭無法數盡，他們的念頭是我的心意無法測度。善的眾生被送往上三道時，邪惡的眾生被往下拉。所有這些並無法行諸於文字；我所記錄下來的事情只不過是最粗略的想法。

在閻羅法王面前，有一個來自德中家族的女子波中瑪。當她的兩個黑白業子提出他們的訴狀時，皮膚白皙的業子說：「這個女子和札噶恰楚仁波切有一些因緣。她的心傾向於善。」

接著，那個皮膚黝黑的孩子說：

這個女人供應博學多聞的喇嘛不淨的食物；

她把小牛活活餓死；

她批評喇嘛和受戒出家的人；

因此她的身語意都犯下諸多惡行。

閻羅法王回答：「嗯，當白業子說話時，他似乎在說實話；但是當黑業子說話時，又好像他說的是實話。把這個放在善業和惡業的秤上衡量看看。」

猴頭使者把這個女人的行爲放在秤上衡量，結果秤往惡業那邊傾斜。閻羅法王說：

在人間的一千天

大約是地獄道的一個晝夜。

在地獄道的十二年間，

你將忍受飲下滾燙融化金屬之苦。

然後你將被札噶恰楚仁波切慈悲和祈願的力量帶領而去。

閻羅王說完後，這個女人被帶到一幢鐵屋。

嗡嘛呢貝美吽啥。

接著來到這裡的是帕措。這個遊牧老婦人有一頭灰白的頭髮，來自銀舒地區。她手持一個經輪和一條黃色念珠。她清晰地唱誦嘛呢咒，來到閻羅法王面前。閻羅法王的面容如同月亮在白雪上閃耀，彬彬有禮而欣喜地說：「帕措，你死後來到中陰，累不累？至於你做了什麼善行和惡行，在我面前一一道來吧！」

老婦帕措說：

我把心專注於三寶，把三寶當做唯一的依靠。

我的心意不離佛法。

我的話語是持善，我轉動的念珠從不間斷。

我和具有上等根器的人結緣。

最尤其的是，我供養一塊琥珀而和札噶恰楚仁波切結緣。
我供養一個皮帶夾而和阿中竹帕㊱結緣。
在那些身體上繫著一條黃色腰帶的人之中，㊲
沒有一個不曾和我這個女子結下一點因緣。
我大約點了兩、三萬盞酥油燈；
我大聲念誦一億遍嘛呢咒；
我把所有這一切回向給有情眾生，
我是一個有著崇高發心的老婦。

那個皮膚白皙的業子做了類似的陳述，那個皮膚黝黑的業子無話可說。此時此刻，業鏡、文字記錄和秤，是這個老婦人善行和惡行的見證。使者們大叫：「看看這些！」獅頭使者瞪視著業鏡，猴頭使者用秤衡量她的行為，牛頭使者讀取她業的記錄。三位使者謙卑地說，老婦人所言句句屬實，這使得閻羅法王非常欣喜。閻羅法王說：

如果人間的凡夫俗婦都像此人，該有多好。

但是即使他們了解善行和惡行，

卻無法拋棄某些事物而開始去從事其他事情。

他們讓自己從事不善的和有害的行為——他們是多麼地受到煩惱的折磨。

沒有一個人不會在前往來生之前走我這一遭。

如果他們心中有佛法，那麼我即是法王；

如果他們心中沒有佛法，那麼我就是他們的惡業之王。

現在，你這個叫做帕措的老婦！

去，依止此一善業。

你將不會退轉，因此你會前去極樂淨土。

閻羅法王說完後，老婦人起身做了三個大禮拜。她說：「我不會獨自前去極樂淨土。」

相反地，她帶領了大約一千五百個曾經透過語言和碰觸而與她結緣的眾生，慢慢地前往西方極樂淨土，呢喃地唱誦嘛呢咒。㊳

嗡嘛呢貝美吽啥。

來自谷洛地區的老人東竹，正在被虎頭、豹頭、黑熊頭、棕熊頭、狐狸頭和狐狼頭使者拖著走，一根鐵索刺穿了他的心臟。使者們把他拋向空中，然後讓他摔在地面上。使者們一邊拖著他，一邊叫嚷著：「唏，唏！响，响！」那個老人身穿一件破舊的土撥鼠皮草。當他發現自己在閻羅法王跟前時，臉色刷白，大叫著：「啊！」在短暫述說他的善行和惡行之後，閻羅法王說：

這個惡人，殘殺土撥鼠的屠夫！
你殺死數千隻土撥鼠，
吃牠們的肉，喝牠們的血，
穿牠們的皮毛——
你以殺土撥鼠爲業。

在夏天，你把水灌進地洞，將土撥鼠趕出，並加以殺害；
在冬天，你爲獾挖掘，並且殺死冬眠的土撥鼠。
如此罪大惡極的行爲難以懺悔，
由於你的所作所爲無異於殺害一個受具足戒的僧侶，
你將沒有解脫的機會，千劫不復。

「現在，」閻羅法王說：「帶他到炎熱地獄。」地獄使者們把他的臉壓進泥土裡，然後將他拖走。

嗡嘛呢貝美吽啥。

接著，大約有十二個受了具足戒、來自薩迦㊴的僧侶來到這裡。他們身穿三法衣，攜帶殊勝佛法的經典，並且大聲念誦悉地咒和嘛呢咒。在閻羅法王面前，他們彷彿要團體做大禮拜，閻羅法王恭敬而筆直的站著，並說：「請不要做大禮拜！」當閻羅法王敬畏地顫抖時，這些僧侶繼續前進，帶領大約一萬兩千個眾生前往西方極樂淨土。

然後，一個來自明雅地區的善尼師前來。她的手轉動一個經輪，撥動一串海螺殼製成的念珠，恭敬地站在閻羅法王面前。

閻羅法王詢問：「你是誰？」

她回答：「我叫做桑嫫。我已經累積了大量的善行來積聚二資糧。」⑩她用甜美的聲音供養閻羅法王以下的歌曲：

嗡嘛呢貝美吽啥。
一切諸佛總集之主，無別於觀世音菩薩之主：
在尊貴的蘇南仁千面前
我如是祈願：請賜予我你的加持。
我不曾犯下小如芝麻的有害行爲。
我是一個篤信宗教的女人，我的心已經獲得些許定力。
在這些末法時代，

就一個對眾生懷有特殊悲心的人而言，
法王是三部菩薩㊶的化現——
我向尊貴的蘇南仁千供養我的願文。
請賜予你的加持，使我們的願望得以任運成就。
請賜予你的加持，使下三道的痛苦得以平息。
請賜予你的加持，使我們得以進入解脫道。
請賜予你的加持，使我們得以投生極樂淨土。
請賜予你的加持，使兩種利益㊷得以任運成就。
所有那些聽聞這些話語的有情眾生，
當他們死後，不需要承受地獄的痛苦；
他們不需要經歷中陰令人迷惑的景象。
如果他們每天不間斷地重複這些話語，
當他們死亡時，肯定不會墮入地獄。
他們將投生吉祥銅色山淨土。

說完之後，她唱誦嘛呢咒，然後繼續前進，帶領大約三千個透過善業和惡業[43]與她結緣的眾生，前往吉祥銅色山淨土。

接著，閻羅法王命令牛頭阿瓦和猴頭命官兩位使者把昆噶帕登帶進來。昆噶帕登是一個受了具足戒的僧人，來自蒼省南部。當他出現在閻羅法王面前時，兩個業子揭發他的善行和惡行。白業子說：「這名僧人不曾犯下任何有害的行為。」並且默默地鞠躬行禮。

黑業子答道：「這個僧人違背了他的誓言和戒律。他在他的住持和戒師面前受戒，身穿三法衣，但是他要為殺害許多人和馬匹負責。他惡言謾罵那些接觸佛法的人。他的道德敗壞，已經把他的三昧耶戒丟進河水裡。」

聽完這個陳述，閻羅法王說：「嗯，這黑白兩個小孩所說的話不可能都是真的。讓我們看看業鏡、文字記錄和秤怎麼說。」

使者們檢視業鏡、文字記錄和秤之後，恭敬地對閻羅法王說：「黑業子所說的話是真的。」

閻羅法王盛怒地大叫：「把這個道德淪喪的人帶到木棉樹山的山頂上！」僧人被使者們帶走。使者們大叫：「殺他，殺他！打他，打他！」

使者們把來自明雅地區、一個名叫荎衷的虔誠婦女帶進來。黑白業子在閻羅法王面前揭發她的行為。白業子說：「這個年輕的女子在二十一歲時，剃度出家為尼，前往拉薩地區朝聖，不斷地念誦百字明咒和嘛呢咒。」

黑業子做了以下的陳述：「喔，殊勝的閻羅法王，我才有資格述說這個年輕女子的故事。她是一個女惡魔，是一個做了不善和有害行為而帶著惡業的人。她在朝聖期間，殺害了許多生物，而那只是她犯下多得數不清的有害行為的一個指標！」

於是閻羅法王說：「讓我們把這些陳述放在秤上衡量看看。」

當使者們衡量之後，恭敬地對閻羅法王說，衡量的結果好壞參半。閻羅法王說：「這個女人必須在等活地獄承受一個月的痛苦。此後，由於她在朝聖期間祈願的力量，她將獲得清淨的人身。」

桑吉阿臧是薩貢家族的將軍，來自雅戎地區的加茲已經投生眾合地獄，在那裡忍受無法測度的痛苦。他對我說：「我的新娘名叫盧嫫措。你這個女孩必定要不惜任何代價把我的話傳達給她，告訴她：『你可以藉由和一些喇嘛結緣而嘉惠我。把你藏起來的珊瑚和飾品，代表我獻給那些喇嘛。你所流的眼淚全都變成血雨落在我身上。由於我和加茲的祖古有些許緣分，因此去詢問他的考量並尋求他的協助。供茶給加茲寺的僧眾，請他們在舉行共修儀軌時，為我念誦嘛呢咒和悉地咒。』」

他說完之後，放聲大哭。雖然他慢慢從我的視線中消失，但是他哭泣的聲音仍然縈繞在我心頭。我為他供養回向文和祈願文，並且念誦嘛呢咒一段時間。但是由於我和他沒有結下緣分，因此這麼做並無法為他帶來利益。

嗡嘛呢貝美吽啥。

來自雅戎甘里地區的司令官阿塔，置身於黑繩地獄。他的身體上畫著成千上百條黑線，冒出一團熾熱火焰的鐵鋸，沿著這些黑線從頭部到腰部將他切片，而他被切開的頭部隨之又被接合起來。接著，鐵鋸從他的腹部來來回回往下切，同時之前被切片的部分又被接合起來，使他交替地經歷這些痛苦。

我問尊貴的度母：「是什麼行爲導致這種結果？」她回答：

這個人率領軍隊對抗許多寺院。

他帶領人們摧毀神聖的墓碑和遺址。

他在山坡上縱火，把青蛙、蛇和其他生物活活燒死。

他激起許多社會動盪，煽動人們互相殘殺、爭訟和仇恨。

他是一個親手殺害十八個人和馬匹的族長。

他將有一千劫都難以解脫。

願此人的惡業和有害的行爲被清淨，

願他投生極樂淨土。

雖然度母這麼說，但是他卻沒有從中獲得太多的利益。

來自都瑞的阿貢，一邊被帶到閻羅法王面前，一邊遭使者用榔頭搥打、用鑷子擰壓、用武器劈砍。雖然黑白兩個業子都說了話，卻沒有用處，因爲閻羅法王極爲盛怒，用力地跺腳，並且大叫：「要他說明白，快！」但是那個人劇烈地顫抖，什麼話也說不出來。

蛇頭使者凝視業鏡說：「這個人持有邪見。他聲稱，從事善行毫無利益。他說，從事有害的行爲沒有過錯。他聲稱，三寶沒有加持。他說，只要一個人眼前快樂，就沒有必要顧慮未來。他以偷盜、壓迫他人爲樂。」

在秤上衡量他的行爲之後，猴頭使者說：「如果有人可以在一個地方，把這個人所殺死的雄鹿血淋淋的鹿角、所殺死的鹿的藥用麝香、所殺死的水獺的皮毛和骨頭堆在一起的話，將可以堆成一幢小房子的大小。這個人否認追隨佛法的好處。」

接著，牛頭使者檢視清晰的業記錄：「在業果會增長十萬倍的神變月期間，他屠殺動物。他帶著一把槍，屠殺了許多生物，包括黑熊和蜜熊、狐狸、山貓和土撥鼠。在這些動物之中，沒有一個是此人不殺的。」

閻羅法王在命盤上做了一個記號。「雖然劫有其盡頭，」閻羅法王大叫：「但是這個人不該有逃脫的機會。把他送到嚎叫地獄！」

地獄使者們發出可怕的尖叫聲，把這個羞愧低頭的人帶下去。

唵嘛呢貝美吽啥。

閻羅法王親口說出這些話：

你們凡俗人間的男男女女！
切勿殺死寄生在你身上的跳蚤和蝨子。
切勿殺死牠們，因爲這麼做沒有用處。
這麼做對你的食物沒有用處，連一粒芥子都不值。
這麼做對你穿在身上的衣服沒有用處，

殺死牠們是一種嚴重的有害行爲。

用你的牙齒和指甲殺死牠們，將沒有用處，

因爲這無異於殺死你自己的後代子孫。

相反的，

如果你釋放牠們，讓牠們活下去，將會帶來巨大的利益。

如果你殺死牠們，那麼你只要看看在下面這些人的遭遇，

你就可以預見自己的命運。

有數千人正在經歷被兩座山輾壓的痛苦。來自東霍家族的雅多在那裡。一些人的身體被大火焚燒；這是用火焚燒跳蚤的結果。有些人落入水中溺斃；這是把跳蚤丟進雪裡和凍雨之中的結果。

「因此，」閻羅法王說，「合掌念誦嘛呢咒。」

嗡嘛呢貝美吽啥。

接著，閻羅法王對我說：

你們凡俗人間的男男女女！

現在你證得人身。

現在你投生於世上。

現在你選擇前往何處握在你的掌中。

竭盡所能地供養在你之上的三寶。

你將不會變得更窮困——事實上，你今生將變得更富有，

而且在來世，你將擁有一個具有歡樂和機緣的身體。

慷慨地佈施在你之下的乞丐、盲人和狗。

不要對他們口出惡言，因為他們值得你慈悲對待。

與其養肥一百個富人一年，
不如佈施給一個乞丐一把小麥或青稞。
在這兩種善行中，後者比前者更特別。

富人安逸舒適，擁有貨物和土地，
如同餓鬼群中，擁有食物飲水、僕人和鉅額賞金的庫司，
揮霍他們的人身，永遠沒有足夠的時間，永不積聚資糧。
他們甚至沒有一刻放慢腳步休息一下。
雖然他們擁有如山的金錢、財物和食物，
但是他們連一根針都無法帶到我的面前。

家庭成員不聽從彼此的意見；
他們在早晨起爭執，到了夜晚已經如同阿修羅般爭鬥。
他們不會陪伴彼此太久，他們將分道揚鑣。
因此家人要善待彼此，並且念誦六字大明咒。

人們忿怒地注視他們仁慈的父母，
把所有的權力都交給他們的配偶，
並把家中長輩視爲染上痲瘋病的死屍。
當人們年邁時，他們心力衰竭，
因此用恭敬、柔和聲和寬慰語對待他們。
沒有任何形式的修行比這個更崇高。

你們這些已經回報親恩的人，已經可以前去極樂淨土。
那些爲從遠處來朝聖的長者烹調、安置座席、提供生活必需品，
做爲嚮導，用柔和聲說寬慰語的人，
如同那些把如意寶委託其他人保管的人。
他們將毫無困難地遵循解脫道。
對喇嘛懷有信心，和善知識結緣——
如同在一個漆黑的房間高舉一把火炬，

將帶領你前往極樂淨土，沒有過渡或變遷。
對有情眾生懷抱慈悲，並把善德回向其他眾生——
這如同一座充滿寶石、滿足一切需求和想望的寶庫。
在此之後的生生世世，你將遇見尊聖者的財富。

坐在寶座上地位崇高的國王和拄著拐杖地位低下的乞丐，
在我面前，這兩者沒有絲毫的「崇高」和「低下」之別，
因此在修持善法之後來到我面前。
切勿忘卻我的話語，敦珠多瑪。
以此利益眾生，不論其地位高低。
嗡嘛呢貝美吽啥。

在另一個可怕的地方，有許多曾經是小偷、盜賊、設下陷阱誘捕麝鹿的殘忍獵人，在經

商時行騙詐欺、說謊和口出惡言、搶奪無助的長輩、說僧侶的壞話或毆打僧侶、殺害狗隻、馬匹和蛇類，這些數量數不清的人曾經從事十不善業。㊹

在這些人之中，有個名叫阿措的屠夫，嗚咽地被帶到閻羅法王面前。使者們騷擾他，凶惡地大叫：「殺，殺他！打，打他！」牛頭使者阿瓦隨即對他說：

你在人間的時候，
對你所犯下的有害行爲縱聲大笑。
這些有害行爲即是你的業果之因。
因此，你將在下三道痛苦地哭喊。
如今你置身地獄，哭喊有何用處？

地獄使者們用榔頭打他的頭、用鋸子鋸他的背、用短矛刺穿他的胸膛，並把一堆武器丟擲在他身上。在調查了他所從事的善行和惡行之後，使者們把他拖往大焦熱地獄（譯註：或極燒燃地獄）。

嗡嘛呢貝美吽啥。

來自溝九地區的中苳，以及帕登達洛和她的女兒曾經使一位喇嘛入獄，誘惑僧侶，並且毀謗中傷她們的善知識。這樣的結果是，她們的背部受到融化的巨大金屬塊重壓，她們的舌頭被熾熱燃燒的鐵劍切割，她們的嘴巴被注入滾燙融化的金屬。

度母說：

身的惡業如同污穢的流沙沼澤：
感覺起來柔軟，但痛苦卻因此而生起。
語的惡業如同燃燒的火舌：
火花雖小，卻能夠燒盡善德之山。
心的惡業如同致命的毒藥：
嚐起來雖然甜美可口，卻帶來下三道的巨大折磨。

那些已經從事身、語、意惡業的人，

願其業果如同陽光照射冰霜般消失。

嗡　塔列　倘　梭哈（Om tare tam soha）。

來自巴戎地區的阿貢，曾經說服一位喇嘛的明妃與他私奔，但是他們已經死亡，正在閻羅王的地域上徘徊。我看見死亡之主閻羅法王對他們兩人施加各種懲罰。許多肉食生物撕扯他們的身體，他們忍受著無盡的痛苦。接著，來了一位身穿白衣、長髮飄逸的喇嘛。他唱誦金剛咕嚕咒三次，然後帶領明妃沿著一條白色光芒的道路前進。

嗡嘛呢貝美吽啥。

有無數的男人、女人和孩童來自巴戎地區。我沒有時間記錄所有人的名字，但是如果你們想進一步詢問，並且眞心地擔憂，我還有很多事情可以告訴你們，可是必須以此爲條件：

你們沒有對我違犯三昧耶戒，或沒有對我有任何的欺瞞。

大約有十二個來自達策多㊺地區的非法盜獵者，以下是關於他們的說法：

他們殘忍而忿怒，設下犛牛毛氈陷阱。

他們殺的人所流的血渦旋如湖。

他們掠奪侵吞的贓物堆積如山。

他們把所有與其有關係的人都拉往邪惡的命運。

牛頭阿瓦看著記錄說：「爲了佳圖洛家族，這些人以刀子殺人的血濺滿了兩大地區。他們是謀殺許多人的元凶。他們犯下如此眾多的有害行爲，我甚至無法一一提及。」

閻羅王的使者發出可怕的吼叫聲：「殺，殺他們！打，打他們！」並把這些低著頭的人帶往大焦熱地獄。

嗡嘛呢貝美吽啥。

大約有十個女人來自桑根（Sangen）地區，她們曾經製造毒藥。噶瑪塔因、策旺達給、貢波斯壤和其他人正在剁她們每個人的身體，拉出她們的舌頭，挖出她們的眼珠。

那些曾經刺殺喇嘛、毀壞神聖遺骨的人，被投入火坑。可怕的閻羅王使者揮舞著大如房屋的鐵製榔頭，每用力擊打一次，就把這些人的肌肉骨骼槌散。他們一再地死亡，一再地經歷無法想像的痛苦，他們尖叫呼喊的聲音可以把群山群谷炸得支離破碎。

在那裡的每一個人都對我呼喊：「敦珠多瑪，爲我們說一句嘛呢咒！」對此，我感到一種不可思議的悲心，於是我唱誦嘛呢咒。

我繼續前進，直到我遇到四個男人，他們是來自霍地區甘澤這個地方的屠夫。其中一個屠夫名叫布中，另一個叫做布佳；我不確定另外兩個人的名字。當許多犛牛頭使者輪流用燃燒的劍斬他們的脖子時，他們對我呼喊。他們正在經歷屠殺無害牛隻的結果，他們正在承受無法忍受的死亡痛苦，以及一再復生的苦楚。

我懷著悲心唱誦嘛呢咒，並且向尊貴的聖度母祈願，如此這四位屠夫從痛苦中解脫。他們對我說：「請帶我們離開這個地方。」我催促他們走上一條充滿白色光芒、通往普陀山淨土的道路。他們欣喜地離開我的視線。

嗡嘛呢貝美吽啥。

接著，尊貴慈悲的度母說了以下的話語：

切勿毒害充滿智慧的喇嘛。
切勿偷取從事密集修習的佛法修行者的食物。
切勿修持受到負面行為染污的法。
切勿褻瀆象徵勝者身、語、意的物品。
總是迴避不善的行為，修持善的行為。

喔，凡俗人間的在家眾和出家眾，不論出身高低，
切勿讓你的心被高傲的鎖鏈束縛。
要防範因果業報如同護衛你的眼睛一般。
透過佛法之善，不論善之多寡，
肯定只有一個命運，
因此不要懷疑這是否眞實，
要一再地向三寶祈願。

根據你的喇嘛的教導來修行；要隱惡揚善。
在死亡時感到懊悔毫無用處。
喔，喇嘛和祖古、僧侶和尼師、了悟的瑜伽士，
密續行者、巫醫、學者、族長，
政府官員、臣民，從稚童以上：
把這些話記在心裡。

最好的情況是，培養無上的信心，在死時充滿喜悅。

如果不是如此，那麼你要無所畏懼，俯仰無愧。

至少沒有悔恨。

切勿犯錯！切勿犯錯！修善！

嗡塔列倘梭哈。

在那裡，有好幾千個來自人間的鐵匠，他們的身體被如須彌山大小的煤炭堆所覆蓋。他們被火燒成灰，並被如須彌山大小的鐵鎚猛擊搗碎，但是如此的焚化並未使他們的肌肉與骨頭分離。接著，他們被鐵鉗鉗住，如之前那般被焚燒。他們燃燒的身體轉變爲鐵色，支離破碎的被放進融鐵爐中鍛造，然後又如之前般被焚燒。一種須由一個人扛在背上才能攜帶的巨大武器，插進了這些鐵匠的身體中，然後他們被燃燒的鐵鍊拖走；接著又如之前那般被焚燒，周而復始。這個景象是如此可怕，令我昏厥。

我問閻羅法王的使者們：「是什麼行爲導致這種結果？」

「哈，哈！」他們回答：「這些人鍛造槍枝和其他具破壞性的器具，如刀子、戰斧、箭和矛，這些東西被用來屠殺許多人和馬匹。這些人修補射不準的槍枝，加長並調整槍筒的長度和槍枝的瞄準器，並且冶鍊刀身等等。」

說完，好幾千個閻羅法王的使者不斷地將痛苦施加在這些鐵匠身上。

嗡嘛呢貝美吽啥。

在那裡，有人曾在僧團之間製造衝突，侵占寺院的財物，或把僧團所聚集的供品拿來投資和交易。我無法辨識所有的人。在一個方向，有好幾千個這樣的人，燃燒的餘燼、汙物和融化的金屬注入了他們的口中。

他們呼喊著：「哎呀，我們有多麼痛苦啊！喔，父親！喔，母親！我們的痛苦有多麼巨大啊！我們要從這種痛苦中解脫有多麼困難啊！當我們在人道時，我們不認爲會有如此這般的痛苦。但是現在我們了解到，擅用僧團的財物是多麼的危險。吞下毒藥一了百了要容易多了。但是濫用僧團的財物卻不是如此，因爲這種行爲帶來的是這種無法估量的痛苦。哎呀！」

據說，即使他們從這種狀態中解脫，他們仍會帶著內在的染污障蔽㊻投生成為餓鬼。那些曾在僧團之間製造衝突和內鬥的人，正在最底層的無間地獄（或阿鼻地獄）受苦，生生世世毫無喘息的機會。

嗡嘛呢貝美吽啥。

我也看到行為不負責任的在家密續行者㊼、老巫師和假裝自己是喇嘛的尋常人。這些人的數量不可思議，他們正在嘔血，經歷著無法忍受的肉體痛楚。我看到許多肉食動物狼吞虎嚥地吞食他們，以及許多地獄使者叫罵指責他們的錯誤行為。

喔，今日著名的出家喇嘛和在家喇嘛們，如我這般謙卑的女孩幾乎不敢向你們表達意見，但是我必須懇求你們。你們可以自己看見地獄道的審判。我們是否應該想到這些？今天，你們這些蓄著長長的黑髮、身穿白袍的密乘行者和你們的配偶子女，數量眾多。你們受到神與魔的支持，擁有一些微小的神通力，你們聲稱擁有神與魔的禪觀來愚弄他人。如果你們有能力思考這一點，那麼現在請思考。願這不會對你們造成傷害，願你們長壽。此乃我的祈願。

以下是閻羅法王所說的話：

在這個世界上的尊貴喇嘛、僧侶和尼師膚淺地依止許多上師，
卻沒有檢視這些上師。
他們沒有護衛三昧耶戒，
此將成為拖他們入地獄的包袱。
尤其是給予人們灌頂的喇嘛，

指出成熟且解脱的精神之路，
以及指出眞實自性的喇嘛，
乃是此賢劫千佛的精髓。

對抗自己喇嘛所説的話，或對喇嘛所説的話感到不悦的人，
或在已經進入相同壇城㊽和相同教法傳承的善知識、師兄師姐之間製造爭執不睦的人，
沒有任何的善德會具有利益。

不僅如此，雖然曾經對諸佛犯下有害行爲的人，
可以透過懺悔來清淨他們的業，
但是違背三昧耶戒的人卻沒有得救的辦法。

雖然曾經謀殺數千人和馬匹的人，有方法可以懺悔他們的行爲，
但是違背三昧耶戒的人卻已經拋棄他們可以懺悔的皈依對象。
違抗根本上師的話語所帶來的傷害，遠比一天殺一個人來得大。

即使此賢劫千佛示顯，
他們爲製造此一巨大傷害的人所提供的救生索，
都將被切斷。

不只是違犯三昧耶戒的人獨自墮入地獄；
所有透過語言或碰觸而與其結緣的人，
都會像朝著斷崖峭壁跑去的牛群和羊群一般，
翻轉落入金剛地獄。㊾

在那個時候，人間大地將會震動，
許多聖者將會逝去。
他們將有一千劫無法從那個狀態中解脫；
在數不清的無數十億個大劫之中，
他們將一次經歷所有無法忍受的痛苦折磨。

哎呀，這個凡俗人間的出家和在家喇嘛與祖古！

一再地供養祈願文，

時時刻刻不離等同於三世諸佛㊿的根本上師。

切勿讓你的三種官能㉛散漫。

竭盡所能地服侍你的上師。

把你所擁有的財物當做合意的曼達來供養。

如果你能夠接受上師的命令，

用你的身體和生命來服侍你的上師，

那麼即使你沒有修持其他的善法，例如觀修本尊或持誦咒語，

當你脫離身體的牢籠時，你將沒有必要來見我。

你將準備好前往你所喜愛的任何淨土。

由於這些話公開了隱藏的和祕密的話題，

你不需要感到害羞或難爲情——大聲地對每個人宣說。

如果你希望傾聽法王的忠告，
那麼把我所說的話記在心中。
三昧耶！

我繼續在地獄前進，到了一個大約有十八個銅鍋鍋口朝下的地方。我納悶：「這些令人驚奇的銅鍋是怎麼上下顛倒的？」

牛頭使者阿瓦隨即把這十八個銅鍋中，最小的銅鍋（那銅鍋是那麼的巨大，一匹馬要繞著圓周走十八天才能走完）鍋口轉向上方，面對著我。鍋內有許多層的血。我因爲情緒激動而顫抖，我的心燒灼著。

牛頭使者阿瓦說：「這一年，這些銅鍋鍋口朝下，意味眾多喇嘛，尤其是東美卡玉、札貢秋及其他喇嘛，已經帶著所有與他們結緣的眾生前往淨土。他們將不會再退轉到輪迴之中。」

在一條白、黃、紅、綠的虹光通道上，偉大的托缽僧楚吉，即來自塔霍的喇嘛局美多傑，以及由眾多弟子組成的眷眾走了過來。局美多傑唱著以下的歌曲：

嗡阿吽班雜咕嚕貝瑪悉地吽。

我不見地獄道，只見淨土頂峰，諸法之本初虛空。

我不見閻羅法王，只見法身普賢如來。

我不見眾多忿怒的地獄使者，只見壇城之寂忿本尊。

我不見黑白業子，只見般若智慧和善巧方便㊾的強大能量。

我不見在家眾、僧侶或尼師，只見整個廣大清淨之淨土。

我不見善業和惡業之業果，只見本然明覺嚴飾實相之眞實本質的強大能量。

我不見結緣者和未結緣者之間的分別，

只見一切眾生都在諸法之本初虛空內結緣。

我不見上三道和下三道的眾生，
只見輪迴之本然清淨和寂靜狀態之本然清淨。
快，快，每個人追隨我！

當他唱這首歌曲時，他的心間照耀出一道如月光般的光芒。這道光芒在剎那間充滿整個地獄道，痛苦呼喊的聲音嘎然止息。地獄的使者們張目結舌地站立著，充滿憂慮，甚至連閻羅法王都消失片刻。這位喇嘛帶領大約一萬兩千位眾生前往普陀山淨土，不論這些眾生是否與他結緣。

我一再做大禮拜，行供養，再次確認我的信心與喜悅。尊貴的度母也合掌說：「那位喇嘛名叫阿噶拉，也是爲人所知的塔霍局美多傑。」

雅戎地區的喇嘛耶喜多傑也出現在那裡。他的身體閃耀著難以抵擋的光芒，身邊環繞著眾多空行和空行母組成的眷屬。他說出以下的話語：

我在朗札崖的偉大成就聖者的足下祈願。53

我是擁有無造作見地的耶喜多傑，

擁有無妄禪修的耶喜多傑，

擁有無誤行止的耶喜多傑，

擁有不動搖目標的耶喜多傑。

從早年開始，我遵循一個偉大的成就聖者。

我已經把我的人生和修行臻至圓滿。

所有曾經與我結緣的眾生，

我已經帶領他們走上全知的道路。

此時此刻，

所有對雅戎地區的偉大成就聖者貝瑪度督有信心，

對我這個老人有信心的人，

應該隨我到妙拂州，到吉祥山。

嗡阿吽班雜咕嚕貝瑪悉地吽。

他說這些話時，散放出的光芒，充滿了十八地獄。[54]然後，這位喇嘛帶領大約兩萬人，其中包括喇嘛、僧侶、在家眾，甚至乞丐和盲人，前往妙拂州吉祥銅色山淨土。

我感受到一種無法想像的信心和喜悅。尊貴的度母做了三次大禮拜，說：「這位喇嘛名叫智慧金剛，[55]即爲人所知的托缽僧耶喜多傑。眾生只要聽聞他的名號，就會擁有無可估量的利益。」

在來自薩陀地區的眾多男人和女人之中，有一個名叫旺賈的男人，背上馱著一串如一座山大小的菩提子念珠。[56]閻羅法王的使者們毆打他，他因爲無法背起這串念珠而痛苦哭喊著。

我問一位虎頭使者，是什麼行爲導致這樣的結果。虎頭使者回答：「在前往茲瓦的路上，這個男人毆打一位流浪的朝聖者、一位了悟的瑜伽士，搶奪他的念珠和其他的財物。」

嗡嘛呢貝美吽啥。

有一個名叫阿謝的人，全身穿著一件暗褐紫紅色的衣服，曾經住在噶霍地區。他曾經誹謗許多喇嘛和善知識，假裝閱讀佛經，多次為念誦《甘珠爾》而收取費用，卻從未替人念誦。㊼地獄使者們把他的舌頭從嘴巴裡拉出來。在那片如阿寂牧草地㊽大小的舌頭上，有頭長著銳角的鐵製水牛。那些銳角上繫著熾熱的鐵製犁頭，水牛們正在用這些犁頭犁這塊「田地」。這個男人所承受的痛苦無可估量。一位猴頭地獄使者告訴他：

勝者㊾的話語如同如意寶：
切勿收取費用或將其出售給他人。
喇嘛的言語如同水晶寶瓶：
珍愛它，切勿將之丟入污物和黏泥之中。
佛陀的最殊勝語如同藥石的汪洋：
切勿坐在岸上口渴而死。

假裝閱讀經典如同用黃銅冒充黃金，
但是黃銅不會變成黃金，
而且你經歷這種痛苦。

當猴頭使者說這些話時，水牛們反覆的犁田。

在中陰，大約有九個男人來自拉恰地區。他們不知道自己已經死亡，他們的心執著於財富、資產和父母。他們和許多其他人無法控制自己將前往何處。

除此之外，大約有一百名僧侶來自儀措。一些僧侶身穿有如和尚的長形披巾熾鐵衣裝，有些僧侶身穿有如和尚的長衣熾鐵衣裝，有些僧侶身穿有如和尚的背心熾鐵衣裝。據說，這是他們帶著不淨的三昧耶參與薈供，假裝他們的三昧耶戒是清淨的，而沒有加以懺悔、清淨自己的結果。

有一個頭髮灰白、來自上東地區、名叫阿倉的男人。許多閻羅王的使者把融化的鉛注入他的口中。使者說：「這是這個人在自己和其他人的家中，偷吃準備好的供品之結果。他吃剩下的供品，最後進入受了出家戒的僧伽口中。」

我向尊貴的觀世音菩薩祈願。

我祈願觀世音菩薩指引我們走上修道。

我祈願你引導那些在地獄道徘徊的已死之人前往普陀山。

嗡嘛呢貝美吽。

有一個來自喇嘛東美家族、如祖父般慈祥的老人，身穿一件寬鬆飄逸的黑色長袍，右手轉動一只銀製經輪，左手撥動一串刺槐木念珠。他名叫東美蘇南南賈，正用一種愉悅的音調大聲念誦嘛呢咒。地獄使者對他顯露恭敬和信心。他是一家之長，也是一個菩薩的化身，帶領許多眾生走上解脫道。

澤氏族的喇嘛金巴東登，以最瘋狂的行止經過。他手持骨製念珠，唱誦金剛咕嚕咒，帶領許多眾生走上解脫道。

來自空帕家族的仁千，曾經是東美恰楚仁波切的功德主。他在地獄道以清晰的音調唱誦嘛呢咒。他讚頌：「恰楚金剛持了知一切！」⑥⑩他帶領幾個人前往普陀山淨土。

有一個來自紐殊地區、名叫布中的人，正在等活地獄。他請求我替他念誦嘛呢咒，甚或只是念誦一個「嗡」字。

「你是誰？」我問。

「我是你的舅舅。」

「那麼你怎麼沒有被烏金圖拓林巴救度？」

「我的痛苦，」他說，「是我在和烏金圖拓林巴這位喇嘛交談時所犯下的過失之結果。」

在我從遠處叫喚嘛呢咒三次之後，他繼續前進，消失在我的視線之內，不知前往何處。

嗡嘛呢貝美吽啥。

一個有著貓頭鷹頭的地獄使者，正帶領許多人前往一個充滿燃燒熾鐵的平原，爲許多人帶來痛苦，這些人包括在家眾和出家眾。這位貓頭鷹頭使者對我說：「行止崇高的世間女孩，不要踏上我這把銅刀。」

我一再念誦嘛呢咒。「請做爲這些眾生的盟友。」我懇求道。

這位地獄使者被我的請求所激怒。「你曾經從事什麼樣的善行和惡行？好好說清楚。」他說。

「我到過每一個處所，上至吉祥銅色山，下至地獄道燃燒熾鐵的廣大平原。我已經在閻羅法王面前說明我所從事的善行和惡行，正面和負面的行爲。我是一個遵循因果業報的女孩。你曾經從事什麼樣的善行和惡行呢？」

他未置一詞，只是站在那裡微笑。

嗡嘛呢貝美吽啥。

有一個來自巴中地區、名叫阿貢的老婦人，由於她曾經殺害鼴鼠，因此地獄使者正在用鼴鼠的頭毆打她。她要我帶回一個訊息：如果有人為她把一億遍的嘛呢咒、《無垢懺悔密續》、《懺悔惡業》和《解脫經》雕刻在石頭上，供養許多僧眾，她將會投生成為德格地區的密續行者。

當她說這些話時，由於巴中地區安果氏族的一位喇嘛的祈願，她短暫地被邀請前往一個淨土；然後當這個業自行耗盡之後，她因為曾經殺死一個人而投生等活地獄。為了解除套在她頸項上，令她窒息的鐵項圈，我向大悲觀世音菩薩祈願，並且從遠處對她叫喚嘛呢咒，那個項圈因而被移除。

我覺得她會在七個生世之內證得人身。她說，為了令她解脫，人們必須為她舉行懺悔清淨儀式（尤其是念誦一億遍嘛呢咒、一億遍悉地咒、一百三十萬遍金剛薩埵百字明咒，以及《懺悔惡業》），那麼她在人間度過一個生世之後，將投生觀世音菩薩的淨土。

來自西藏中南部蒼省的尼瑪彭措的舌頭，被延展到一個國家的大小，舌頭的四個方向充滿了鐵釘，並被澆上滾燙的融化金屬。據說，這是他辱罵說謊的結果，尤其是對出家僧眾懷有邪見。

一個名叫東竹的人因爲曾經縱火焚燒房屋，因此正被地獄使者架在燃燒熱鐵的熾熱火焰上燒烤，直到他的骨頭幾乎不相連爲止。最後，他復活了，又再度承受相同的痛苦。

滾燙的融化金屬，注入了明雅地區喇嘛譚帕的明妃慈仁多瑪口中，這是她毒害那位喇嘛的結果。由於她承受劇烈痛苦，有如一年降雨量的眼淚從雙眼傾瀉而出。地獄使者發出可怕的聲響，猶如一千隻龍發出的轟隆聲，足以天崩地裂。

來自果洛省的七個男人，其中包括屠宰野生犛牛的屠夫慈仁，正被許多鐵製野生犛牛的牛角勾住，然後被猛力投擲到地面上，並遭牛角刺穿。融化的金屬注入他們妻子吉美東瑪等人的口中，紅色的火舌從她們的口中噴出，使她們承受極端的痛苦。

來自達策多的貢波達給措果、傑尼瑪和其他人，因爲曾經染污供養出家僧眾的茶，並且毆打僧侶，而正在度過沒有涉水淺灘的死河。他們承受劇烈的痛苦而發出巨大的呼喊聲。

此時，閻羅法王要我帶回以下的話語：

把這些話帶給喇嘛們：

在實相本質離於戲論的究竟見地中，
必須有如虛空，而不落入邊見。
在生起次第和圓滿次第，全然明晰任運顯現的時候，
必須如同一座山，不變不移。
在本然明覺、五毒㉛的自在之中，
必須如同海洋，不迎不拒。
爲了眾生的福祉安樂，過著利益他人的生活，
必須如同父親或母親，不根據親疏遠近而做判斷。

爲了發現兩種利益任運成就的目標，
一個人必須如同前往金銀島的人，不遺失從那裡獲取的任何事物。
這樣的人極端仁慈，那些在乎教法和眾生的人爲最上。
另一方面，影響喇嘛舉止的人，
爲他人修頗瓦法㊷而不了解自己的心的人，
爲了食物和財富，而把密咒㊸降格爲咕噥念著空而不實儀軌的人，
聲稱自己專門利益他人卻渴望累積財富的人，
僅僅是模仿神聖佛法而沒有使自己的心續解脫自在的人，
以及帶領生者和死者走上不正確道路的人，
讓所有這些如此行止的人都來到我面前！
把這些話語帶給僧侶：
遵循世尊導師圓滿佛陀腳步的僧侶，
信賴佛經與密續神聖佛法的僧侶，

以全然清淨之袈裟勝幢莊嚴自己身體的僧侶，
以及停止有害行爲，從事一切善行的僧侶：
他們是二資糧64之田，並且受到諸神的崇拜。
帶有勝者之子標記，卻毀壞勝者教法的僧侶，
以追求世間俗務爲動機的僧侶，
以沈溺酒色做爲修行核心的僧侶，
從事十不善業的僧侶：
讓所有這些如此行止的僧侶來到我面前！

把這些話語帶給空行母明妃：65
首先藉由灌頂而成熟心續，並且持守三昧耶，
嫻熟於生起與圓滿第次要點，並且具有覺受與修行，
最後透過四喜之修道66而達到成就極限的空行母明妃：
這種人處於那些持有本然明覺者之中。

但是自私自利、行爲誘惑的大騙子，
選擇魔羅做爲他們的友伴，並且製造衝突、痛苦和爭鬥的人，
以及最後因爲通姦的慾望和惡意的私通而帶來禍因的人：
他們將沒有解脱。
讓他們速速來到我面前！

把這些話語帶給尼眾：
把頂上之髮供養給住持和戒師的尼眾，
護衛身體如同護衛財富免於被竊盜的尼眾，
把家鄉視爲敵人，尋求僻靜山坡和深谷的尼眾，
以及用全然清淨之菩提心來追求善修行的尼眾：
他們認清自心，在死時將了無悔恨。
他們將在極喜的狀態中，前往他們希望前去的任何淨土。
但是那些受了戒卻不持戒，並且公然把誓戒拋棄的尼眾，

最後把他們的頭藏在沙中，
貪求不正當的性，並像流浪狗般到處亂跑的尼眾：
讓所有如此行止的尼眾來到我面前！

把這些話語帶給族長和統治者：
把三寶視爲你們主要的支柱。
把堅持佛法王國視爲你們主要的忠告。
不要看顧你自己的利益，而要捍衛善之法則。
鼓勵所有人修善，禁止打獵和捕魚。
你們將獲得權力、影響力和高貴的身體，並持續遇見解脱道。

但是如果你們不區分殊勝者與有害者，
你們將爲自己的團體帶來禍因，犯下對抗他人的罪行，
並把一生的時間都花在相互殘殺的爭鬥上。
你將無故地爲許多眾生帶來不幸和災難。

讓所有如此行止的人來到我面前！

把這些話語帶給男人們：
最初從事善行也犯下惡行，
然後與許多喇嘛結緣，
最後遇見眞正的佛法，
以發露懺悔來對治惡行的男人：
快樂地走上通往越來越多明光狀態的崇高道路。
但是大多數的男人都犯下不善業，做爲士兵的領袖或盜匪的頭目，
滿足於食物和財富，從事五無間罪⑰，
視喇嘛和三寶爲禍根。
你們的心如火般燃燒，屈從於負面的行爲：
讓所有如此行止的男人來到我面前！

把這些話語帶給女人：
未曾背棄對仁慈雙親之義務
或未曾製造爭吵不合和家庭暴力，
而曾經服侍父母，對所有人厚道慈愛，
儘可能避免不善，追求善行的女人：
在死亡時，沒有遺憾，會投生在較高境界。

但是有些女人毀壞仁慈雙親的身心，
製造許多爭鬥不睦和家庭暴力，
精於使用毒計，
對每個人心懷錯誤的見解，並一再誹謗中傷：
讓如此行止的女人來到我面前！

把這些話語帶給所有世間人：
你們已經投生善三道，把你們的心轉向佛法。

不間斷地手持經輪和念珠。
把念誦嘛呢咒和悉地咒做爲你們語的精髓。
那些擁有崇高發心和大悲心的人
將不會與我相見，而會前往極樂淨土。
那些打從出生那天就竭盡全力從事有害的和不善的行爲，
並且背離三寶的人，
將不會與我相見，而會前往無間地獄。
在此一佛法中，生起淨見和悲心，皈依和祈願；
念誦嘛呢咒、悉地咒和度母咒，以及世尊諸佛的話語；
避免打獵和捕魚，鼓勵他人修善；
解救眾生的生命，使用風馬旗、擦擦和經輪；
舉行紐涅齋戒儀軌，做大禮拜、繞行和清淨障蔽——
在三界中，最大的善業莫過於此。

切勿遺忘這些話語，把這些話講述給每一個人聽。

接著，在一條充滿白光的通道上，我看見出家眾和在家眾手持經輪，撥動念珠，參與齋戒儀軌，把嘛呢咒雕刻在石頭上，紮掛風馬旗，修補道路和岩架，改善不良的道路，鼓勵他人修善，鑄造擦擦，點燃供燈，做大禮拜，朝聖，解救將被殺死的眾生性命。這無數億的人都有著莊嚴的表情、喜悅的心和安樂的念頭。他們低喃著嘛呢咒、悉地咒和度母咒，前往極樂淨土、普陀山淨土和吉祥銅色山淨土。

我的這些話沒有違背喇嘛（譯註：應該是指閻羅法王）的指令。我仁慈的雙親和我所在地區的居民，一再地要求我講述我的故事，於是我在此粗略地寫下陳述。願這些陳述讓你感到欣喜。

在這些墮落的末法時期，許多巨大的問題不斷激增的時候，如果我們不懷著信念去持守勝者們的話語，那麼勝者們還能夠對我們說些什麼呢？這個我親眼所見、關於因果業報的佛法講述，完全沒有受到謊言的染污，也非重複他人已經說過的話語。藉由尊貴的度母和我仁慈的上師們的慈悲，我滿懷信心且不帶曲解地說出這些地獄的景象，而這些地獄景象教導人們接受和排拒。[68]如果我說謊，空口說白話，或如果我因爲想要獲得名望而佯稱我的修行地位，那麼願食肉的瑪嫫[69]速速前來奪走我的生命力和氣息。

對於朗讀這本記述、傳揚並如實地據以修行、無誤地從事因果業報之接受與排拒的人，尊貴的度母將在一條充滿虹光的道路上做爲他們的嚮導。若有錯誤的辭彙、名稱和字母、遺忘的訊息，或在此揭露的祕密語，那麼我在閻羅法王面前懺悔這些瑕疵。我請求在此生和來世獲得了無障蔽的清淨成就。

撫慰人心、不間斷的全然清淨善德之流

透過其所散放出來的數百道光芒，

將驅散積習之黑暗，

爲如虛空般的一切眾生帶來利益與安樂之雨：

願一切眾生迅速證得尊貴度母之果位。

因此，達娃多瑪這個女孩如何用五天的時間觀看地獄道和其他輪迴道的景象，已經在此如實地謄寫下來，如同她親口說出一般，沒有增減字句，在意義上也沒有錯誤或困惑。

善緣，善緣，善緣！

願此記述成為世間的六重嚴飾，閃耀吉祥的光輝。

撒瓦 瑪噶朗——願一切吉祥。

【註解】

①恐懼獅子、野生大象、火焰、蛇、洪水、牢獄、盜賊和食人者。

②即東美昆敦、東美創巴和直美卡玉旺波，這三位祖古首先在第一章提及，他們是達娃多瑪記述中的主要人物。

③西藏辭彙「巴多」（bardo，中陰）是指「介於兩點之間的一個間隔」。在本書中，中陰這個辭彙尤其是指介於死亡和再生之間的一個間隔，在這段期間內，一個人的業力製造了投射，這些投射則預示那個人未來的再生。

④由於一個人執著於這些人事物，而陷入使自己不斷身陷輪迴的活動和關注之中。

⑤對佛教而言，皈依是一個根本而重要的概念。事實上，在進入佛教修道的個人誓戒中，「皈依戒」是第一個正式的步驟。一個人皈依「三寶」或三種靈修的典範（參見第一章註解㉛）。因此，給予皈依不只表示庇護或保護某個人，也包含了修行的啓發和指引。

⑥度母的白色和綠色身相。

⑦智慧菩薩文殊師利的一個名號。

⑧蘇南澤摩，生於一一四二年，卒於一一八二年，是薩千昆噶寧波（Sachhen Kunga Nyingpo，藏傳佛教薩迦派的祖師）之子，因此是薩迦派五位「祖師爺」的第二位。

⑨嘉蔣（Gyajam）的「蔣」（jam）是「蔣揚」（Jamyang）的縮寫，而蔣揚是梵文文殊菩薩（Manjughosha）的藏文形式。

⑩混亂與不安景象的隱喻。

⑪在藏傳佛教的傳統中，《解脫經》和《無垢懺悔密續》被用在清淨儀軌中。

⑫「命運之王」（king of destiny），閻羅王的一個名號。

⑬「命盤」被描述為一根扁平、如槳狀的棍棒，上面刻有平行線相交的圖案。每個人的命運和在平行線相交所形成的方格內所做的記號相連。業鏡清晰地映現一個人前世的行為，報應不爽。

⑭在西藏某些地區存在著一種迷信，認為毒死喇嘛可以承襲已故喇嘛的修行功德，但是這種行為的結果其實是投生地獄道。

⑮這是傳統佛教宇宙觀的八熱地獄的第一層地獄。關於本章所描述的地獄道和餓鬼道，請參考一九八六年波士頓香巴拉出版社出版之《*The Jewel Ornament of Liberation*》，第五十五至六十九頁；一九八九年金剛蓮花出版社（Diamond-Lotus Publishing）出版之《*Kunzang La-may Zhal-lung*》，第八十三至一三九頁；以及一九九四年舊金山哈波出版社（HarperCollins）出版帕楚仁波切（Patrul Rinpoche）之《普賢上師言教》（*The Words of My Perfect Teacher*），第六十三至七十六頁。

⑯餓鬼飽受極餓和極渴的折磨，以及暴露於四大的靈體。
⑰不動如來（不動佛）的修法和咒語對清淨惡業特別有效。
⑱請參見第一章註解⑥⓪。
⑲根據傳統佛教的宇宙觀，須彌山是我們世界體系的中央山脈。
⑳三種身的善業是護生（不殺生）、佈施（不偷盜）和不邪淫。四種語的善業是不妄語、不兩舌、不惡口、不綺語。三種意的善業是離貪欲、離瞋恚和離邪見。
㉑西藏人認為風馬旗能夠將祈願文的加持隨風散播，利益所有被風觸及的眾生。
㉒悉地咒是蓮師心咒「嗡班雜咕嚕貝瑪悉地吽」的另一個名稱。
㉓在西藏，把六字大明咒「嗡嘛呢貝美吽」雕刻在石頭上，是一種普遍流行的善行。這些嘛呢石常常被堆成圓錐形的石堆或石牆。
㉔擦擦是小型的陶製舍利塔或陶鑄的本尊，其建築特徵代表證悟心的面向。製作擦擦的陶土常常混合了逝者的骨灰，藉此把加持傳送給逝者。
㉕塑像、書籍和法器是代表證悟者身、語、意的象徵物品。
㉖在傳統佛教的宇宙觀中，我們所在的世界是一個小世界，而一千個小世界稱為「小千世界」，一千個小千世界稱為「中千世界」，一千個中千世界稱為「大千世界」（即十億個小世界）。因一個大千世界是由小、中、大三種千世界所組成，故稱為「三千大千世界」。
㉗三界是指欲界（由地獄道、餓鬼道、畜生道、人道、阿修羅道和較低層次的天道所組成）、較細微的色界（中等層次的天道），以及最細微的無色界（最高層次的天道）。所有這三界都在輪迴中，因此代表沒有最終的快樂或解脫，仍然受到閻羅王的操縱。
㉘三原是描述輪迴的另一種方式，分別是地底世界、地表世界和天界。
㉙南贍部洲是環繞須彌山的四大洲之一，即我們人類的世界，大略等同於地球。
㉚在臨死的時候，這些具有高度證量的人抵銷了許多人的業，而這些業往往會導致那些人死亡。
㉛木棉樹是一種生長在近邊地獄（neighboring hells）的樹木，是地獄道眾生痛苦的主要來源。參見《*Kunzang La-may Zhal-lung*》，第九十三至九十四頁。
㉜甘珠爾的字面意思是「翻譯的佛語」（或佛的教誡譯本），是西藏的大藏經，有一百零八函，乃釋迦牟尼佛教法的經函。
㉝她的女兒可能有瞋怒和殺生的傾向。

㉞這黑白兩個「孩子」是人心所造作的善與惡的投射。

㉟這是指嚴酷形式的刑罰，他身為族長，必須為下令施行這些刑罰負責。

㊱阿中竹帕是十九世紀末、二十世紀初藏傳佛教寧瑪派的一個重要人物。

㊲身上繫著黃色腰帶的人是指出家人。在西藏，黃色被敬為僧侶和尼師衣著的一種顏色。

㊳這是指帶其他眾生隨著她善業的功德前行。

㊴西藏南部蒼省的重要寺院與政治中心，以及藏傳佛教薩迦派以此地命名。

㊵在世俗的層次上積聚功德資糧（福），在究竟的層次上積聚智慧資糧（慧）。

㊶文殊菩薩、觀世音菩薩和金剛手菩薩（分別是智慧、慈悲和力量菩薩）是「三部」（three families，或「三族姓尊」）菩薩，即一切諸佛的身、語和意。

㊷從短期和長期利益自己和他人。

㊸即使因為對某人做了有害的行為，或心懷惡意而有負面的牽連，都能夠建立一個具有利益的緣。

㊹十不善業相反於註解⑳所提及的十善業。身的不善業是殺生、偷盜和邪淫；語的不善業是妄語、兩舌、惡口和綺語。意的不善業是貪欲、瞋恚和邪見。

㊺位於西藏和中國邊境的大城（中文名叫「達千盧」），以前是中國茶葉進口至西藏領土的要站。

㊻帶有內在障蔽的餓鬼是那些主觀覺知非常扭曲的餓鬼，雖然他們能夠找到食物或飲水，但是因為扭曲的覺知，當他們在消化這些食物或飲水時，會轉變成為火、污物或毒藥。

㊼密續行者是密續修道的修行者，即金剛乘佛教的修行者。

㊽這是指那些從相同的喇嘛那裡，領受進入金剛乘修行的相同灌頂的人。人們認為，人與人之間的聯繫，再沒有比這種關係更緊密強烈了。

㊾金剛地獄是嚴重違背三昧耶戒所墮入的地獄。

㊿三世諸佛是指過去曾經住世之佛、目前住世之佛，以及未來將住世之佛。

(51)即身、語、意。

(52)在此，平常正面與負面的二元分立被更崇高的修行原則所代替。

(53)隨著以下句子的釐清，這位聖者是耶喜多傑的主要上師。

⑭十八地獄是指八熱地獄、八寒地獄、近邊地獄和孤獨地獄。
⑮梵文智慧金剛（Jnanavajra）等同於藏文的耶喜多傑。
⑯由於釋迦牟尼佛是坐在菩提樹下證道，因此菩提樹的種子受到珍視而被做為念珠的珠子。
⑰在西藏，資助某個人大聲朗讀佛經，並將讀經的功德回向給功德主，是一種普遍的現象。
⑱靠近達娃多瑪家鄉的一片大牧草地。
⑲即佛陀。
⑳在藏傳佛教的修行中，喇嘛的名字常常被用在「某某某了知一切！」這個句子中，做為咒語的一種形式。在此，這個人把他的上師等同視為「多傑鏘」（Dorje Chang，梵文的金剛持 Vajradhara），即勝義諦之法身佛。
㉑五毒是指貪、瞋、癡、慢、疑。
㉒頗瓦或「遷識」是一種金剛乘的技巧，可以為了自己或另一個人的利益而施行。它能夠用一種最善巧和最有效的方式，讓心識在死亡時離開身體，藉以幫助一個人的修行有所進展。
㉓參見第一章註解㉒。
㉔藉由尊敬他們，其他人積聚福德和智慧（本淨明覺）資糧。
㉕即喇嘛們的明妃。
㉖四喜在禪修中相繼生起，這四喜分別是初喜、勝喜、超喜和俱生喜。
㉗五無間罪是指五種行為，這五種行為的業報非常嚴厲，如果沒有加以清淨，犯下這五種行為的人，死後會立即投生地獄，而不會經歷介於死亡和投生之間的中陰狀態。這五無間罪分別是殺父、殺母、殺阿羅漢（參見第三章註解㉜）、出佛身血和破和合僧。
㉘即接受某些形式的行為舉止為善，排拒其他的為不善。
㉙瑪媄（mamos）是凶猛的女神。

第三章

普陀山：觀世音淨土

禮敬悲心大寶藏，

無上大悲觀世音菩薩。

雖然這個女孩無法言盡其意，但我是否應該對你們講一小段普陀山淨土的事情？

普陀山淨土位於印度菩提迦耶東南方，整個地區充滿美麗的花朵，由珍貴寶石製成的如意樹在此生長。甘露湧泉而出，群鳥透過鳴叫而宣說佛法。每一個人都從花朵中出生，也沒有從夏季到冬季的季節變換。甚至連痛苦的概念都不存在，只有無可估量的大樂和安樂的覺受。

男菩薩和女菩薩們已經證得穩定的證量，享用一百種味道的無上美饌，身穿彩虹色的衣服，飲用天眾的甘露。他們離於生、老、病、死。他們服侍眾如來，①傾聽無上大悲觀世音菩薩宣說佛法。他們的心續透過無量的悲心而獲得自在解脫。他們在充滿八功德②水的池子中沐浴。

我在這裡發現了一座美侖美奐、任運自生的天宮，有五層牆壁，層層分明。③此宮內外透明清澈，由數千根水晶柱支撐，寶石製成的頂樑爲其增色，並且飾以有著虹光的格子窗，彷彿被一千個日月照亮。壁樑是由綠松石製成，遮簷由珊瑚製成，階梯由珍珠製成。這座由五種珍貴物質所形成的宮殿，被一個由紅寶石製成的低矮擱板所環繞，數千個供女在擱板上手舞足蹈。宮殿上方是一座黃金拱頂，有著白絲寶傘和一個法輪，法輪兩側各有一頭鹿跪著傾聽佛法。④有著魔羯（makaras）⑤頭的怪獸像立於宮殿的四面，珍珠串從魔羯的口中懸掛而出，其上的鈴鐺和小風鈴發出悅耳的聲響。

宮殿的四面飾有四門。我從西門進入，遇見一個智慧天女。再往內，我感知到無可估量的財富和感官享樂，彷彿置身幻覺之中。他們擺放的供品多得無可計數，甚至勝過化樂天⑥偉大天眾的財富。

在這些事物中央，尊貴的觀世音菩薩在一朵有著十萬花瓣的白蓮之上。調御眾生的大悲觀世音菩薩有著十六歲少年的蓬勃朝氣。祂的身體燦白，有一面四臂。第一對手臂握著一顆寶石，合掌置於祂的心間；第二對手臂的右手握著一串水晶念珠，左手拿著一朵綻放的白蓮置於耳畔。我定定地凝視著觀世音菩薩圓滿身相的大人相與隨形好。⑦祂身穿絲衣與各種寶飾，肩膀上垂掛著一張斑點黑羚羊⑧毛皮，覆蓋於祂的左胸。祂呈金剛跏趺座坐姿，⑨身相放射出無限的光芒。在我心中，祂無異我自己的根本上師直美卡玉旺波。

觀世音菩薩右邊坐著祂的無上子嗣持寶者嘛呢哈拉，左邊是祂的女兒明覺咒持有者毘雅哈利，前方是祂的無上明妃六字明咒天女夏妲霞利。祂的眷屬僅僅由已經證得高深證量的修行者組成，是一群不可思議的諸佛菩薩。

我的友伴度母說：

這個處所是一片裝飾著花朵的土地。

這個淨土是一座殊勝的無量宮殿。

這個本尊是一切勝者之慈悲本尊。

這個眷屬是男女菩薩所組成的眷屬。

你，幸運的女孩，應該懷著虔敬心做大禮拜和行供養。

念誦祈願文結下善緣。

我充滿敬畏與欣喜，開始做大禮拜和祈願。我說：

慈悲的觀世音菩薩，
於十方散放慈悲光芒，
祢無別於我的上師，我向祢和眷屬頂禮。
我呈獻無上的供養，眞實的和想像的。
我懷著衷心的懊悔，懺悔我從事的有害行爲和違背誓戒，
並且承諾未來要避免這些行爲。
我隨喜永不竭盡之善的力量。
我祈願祢永遠住世，不入涅槃，並且不斷轉動廣大甚深的法輪。⑩
我回向我所積聚的善德，
如此如虛空般的一切六道輪迴眾生，
可以迅速證得祢的果位，喔，無上尊貴的果位。
我懇求祢在所有的生世，賜予我至高無上的加持，
永遠不和祢——無上大悲觀世音菩薩——分離。

當我在心中如此祈願之後，尊貴的大悲觀世音菩薩的面容顯露出笑容，然後我聽到祂以慎重、柔和流暢的聲調說出以下的話語。祂談話的共鳴達至整個眷屬壇城：

嗡嘛呢貝美吽啥。

我的上師是無上悲心本身。
我自己是任運體現一切勝者之悲心的本尊。
我的證悟事業擴及一切眾生，亦即我悲心的對象，
我尤其慈悲地看顧所有痛苦不幸的眾生。

你，我的女兒，同樣擁有慈悲的心，
如今具有順緣在此淨土見我。

所有向我頂禮，懷著信心和虔敬心禮敬我的人，
我將藉由先前祈願的力量，帶領他們前往我的極樂淨土。

透過我悲心的力量，那些數量等同於虛空的六道輪迴眾生，

尤其在雪域西藏的一切眾生，
都可以藉由聽聞我的名號和懷著信心向我頂禮而與我結緣，
由於我以大悲聞名，因此我將懷著悲心看顧這些眾生。
尤其是那些無法自衛的眾生，在日夜六時⑪期間，
我懷著悲心，用無礙的智慧之眼凝視他們。
我看見他們每一個人，給予這些謙卑的人離於痛苦的最後皈依，
因爲我以觀世音聞名。
觀修我的身相，憶念我的名號，念誦我的心咒，舉行我的齋戒儀軌——
那些精進從事這些修行的人，
雖然他們曾經犯下死後會立即得到報應的可憎行爲，
我將帶領他們前往極樂淨土，
因爲我以宇宙之主聞名。
由於我之前曾經堅定地祈願，

要帶領所有看見我、聽聞我、憶念我或碰觸我的眾生前往阿彌陀佛的極樂淨土，
因此勝者們讚頌我爲闊瓦冉朵「輪迴自在」。

哎，在世尊佛陀傳法的最後幾日，⑫
雖然我用比以往更多的悲心來看顧眾生，
但是懸掛我悲心之鉤的繩索彷佛已經斷裂。
由於不善的頑強力量，許多眾生缺乏信心和虔敬心。
他們似乎在我慈悲的注視之前逃逸。
正如同陽光無法進入一個朝北的洞穴，
他們缺乏我的示顯——所有勝者悲心的化現。

儘管我的悲心不帶偏見或成見，
但是由於他們頑固的串習和不當的念頭，
眾生們一再地在低微道路的黑暗深淵和輪迴的下三道徘徊。
看見他們所處的情況是自己製造的，而且只能怪自己，

我發現無助的眾生眞的值得我的悲心對待。
當疾病、武器和飢荒折磨他們的時候，時局更加惡化；
當魔羅突然攫住他們的時候，他們的壽命變得更短；
當他們變得精於誆騙計算他人時，他們的語言隨之墮落；
當他們從事錯誤的生計時，他們的身體隨之墮落；
當他們落入常見和斷見⑬的深淵時，他們的見地隨之墮落。
雖然世尊佛陀的手會阻止他們，但是他們不停止。
他們必定會因爲貪愛而受苦，怎麼不會呢？
他們造作惡業，追逐他們認爲愉悦的事物，
他們怎麼值得慈悲對待。

現在，雪域的人們，你們焚燒自己的軀體，
你們的痛苦是自己一手安排的，是你自己一手擔保的，也只能折磨你們自己，
你們要記得自己在過去所犯下的、隱藏的業與煩惱的過失。

給你們自己一些忠告的時機已經成熟。

在極長的時間內，你們獲得此一暇滿人身⑭的機會只有一次。
如今你們能夠遇見善知識，修行神聖的佛法，
並且具足順緣，你們要如此度過餘生。

如果這一次你跳入業與煩惱的沼澤，
你將永遠在輪迴的下三道受苦。
在輪迴的下三道，
甚至連聽聞三寶名號的機會都難尋。
可怕的閻羅王使者不知道什麼時候會來到你的面前。
當你的心有此身的支持時，
要修持神聖佛法的心要。
佛法不僅僅是爲了保護你免於恐懼，和圓滿你所有願望等淺表的緣故而存在；

它不是如此的虛僞，因此要檢視你不善的心。
現在你已經在善的領域中獲得閒暇的基礎，
你已經獲得無妄之道德判斷的種子，以累積善德。
運用三種事物——正念、警覺和觀照——善德之灌溉水與肥料，
觀修無常，這可使得善德增長。

開始用虔敬心和精進不懈來培養善德。

信念與信心乃善德之根。
充滿慈悲的利他心乃善德之樹幹。
願菩提心與行菩提心乃善德之心材。
六波羅密乃善德之枝幹。⑮
回向你的善德，並且隨喜他人回向善德，乃善德之樹葉。
正面地影響他人的四種方法乃善德之花。⑯
空性與無上悲心乃善德之果。

如果崇高的善德樹是以這種方式來栽培，
那麼它將結出在此時此刻和永永遠遠滋養你和他人的事物；
此乃事物緣起之無謬性。

沒有守護積善功德樹的方法，
這些善德一再地在中陰被白白浪費。
愚蠢地否認因果業報，拋棄佛法和毀損戒律，
乃是破壞善德的嚴霜。
侵略、忿怒、仇怨和忌妒，
乃是破壞善德之果的猛烈冰雹。
執著於利與譽，一再地陷入家庭生活的陷阱之中，
乃是從內吞食你的蛀蟲，壞死你的善德之根。
出於驕慢和自大而嘲弄或辱罵喇嘛與菩薩，
乃是毀壞你累積善德的嚴重旱災。

巨幅增長的痛苦，乃是所有這一切不可避免的結果；
是你已經積聚的善德之大敵。
對治這些的解藥是三種般若智慧，⑰
不斷地依止四種功德，⑱
隨喜他人的成就，
甚深地觀修無常、厭惡輪迴和出離，
遏止驕慢，並且修學一種不偏不倚的勝觀。
你要和這些守衛與防護永不分離。

最初，以信心、虔敬心和悲心爲發心。
受暫時的八分支戒（eight-branch vows）⑲。
將你的心專注於一境地放在棄絕你三種官能⑳的散漫上。
一切顯象乃觀世音菩薩之身相，而觀世音菩薩乃一切勝者之總集；
可聽聞的聲響乃六字明心咒之音；

了無任何究竟概念之框架，乃了無造作之菩提心的舞台。

永遠不要離開這三個重點；

不斷地大聲念誦六字明咒——光是這麼做就已經足夠。

把你和他人在三世所積聚的善德積聚在一起，

並把所有的善德當做一切眾生迅速證悟成佛之因，

用回向文和祈願文遵循勝者們及其子嗣們的典範；

此合一的旋律，就如同一個轡頭帶領一匹良駒。

如果你持續努力從事四種善修行，

在死亡的時候，我將在歡悅狀態中帶領你前往極樂淨土。

告訴西藏的人們，這一點毫無疑問。

切勿躊躇！這是我深情而衷心的忠告。

切勿執著於今生；今生如同一場愉快的夢。

切勿受到邪惡的誘惑；你能爲自己帶來的傷害是永無止境的。

切勿增長世間八法；㉑你將只會愚弄自己。
切勿做各種規劃；記住你明天可能就會死。
把你的三重能量㉒全部投入殊勝的佛法。
這是所有西藏人能夠爲自己所做的最大仁慈。

你們應該有如此圓滿的善態度，
持續念誦嘛呢咒和度母咒，
並竭盡所能地鼓勵所有人修善。
之後你可以前往你所希望去的任何淨土。
女兒，你無別於我，因此你要隨喜。

聽完這些話語，我感受到一種充滿喜悅的無上信心。爲了請求大悲觀世音菩薩加持，我念誦以下的偈頌：

世主觀世音菩薩，不論祢的身相爲何，
不論祢的眷屬、壽命長短和淨土爲何，
以及不論祢的功德爲何，
願我和其他眾生變得如祢一般。㉓

我合掌，請求我們在未來一再相見。觀世音菩薩回答：

抱持虔敬態度的人，
我在他們面前顯示；
我給予他們灌頂和加持。
度母之女子，此點毫無疑問。

我對這些話的眞實性生起更大的信心。我繞行觀世音菩薩三次，並繞著祂宮殿的中庭行走，同時念誦以下的偈頌：

在所有生世之中，願我永遠不離上師，尊者之主。
願我享受佛法之輝煌，圓滿道與地之功德。
願我迅速證得觀世音菩薩的果位。㉔

在此，我應該引經據典地說一些話，以使我剛才所做的陳述有其可靠性。這位尊貴無上的觀世音菩薩，自然地展現一切勝者的悲心。很久以前，在數量如恆河河床上的沙粒那麼眾多的劫以前，這個世間出現了一個大劫「葛拉哈」。在這段時期內，有一個轉輪聖王名叫無諍念，擁有一千個兒子。最年長的兒子不眴在如來寶藏佛前首次生起覺醒的菩提心。

有一次，當不眴懷著大悲心念及六道輪迴中的所有眾生時，他特別發願：「願那些沒有援助、受到痛苦打擊、陷入因果業報的眾生，在心中憶念我、念誦我的名號之後，立即離於痛苦。願我在痛苦消失之前，永不證得正等正覺（全然的證悟）。」

當他圓滿其甚深廣大的事業之後，他擁有觀世音菩薩的名號——一個偉大且充滿勇氣的菩薩。根據授記，未來在極樂淨土㉕，祂會成爲勝者阿彌陀佛的攝政王，獲致證悟而成爲Rashmisamudra-shrikutaraja，並爲眾生成就更大的利益。根據這個授記的發願，祂甚至更強烈地爲了利益六道輪迴的一切眾生而努力，尤其爲了雪域西藏的眾生。如《妙法蓮華經》所指出的：㉖

彌勒菩薩對世尊，即全然圓滿之佛，提出這個問題：「世尊，爲什麼祂被稱爲觀世音菩薩？」

世尊回答：「無數十億受苦的有情眾生只要聽聞觀世音菩薩的名號，將會脫離他們無可忍受的痛苦重擔。每當眾生受到火、水、毒藥、武器、食人者、有害的夜叉、惡魔、牢獄、小偷、盜賊等等的威脅，他們將受到救度。他們將離於煩惱五毒，離於所有有害的行爲舉止。如果他們只是懷著完全的信心向觀世音菩薩頂禮，他們所有的目標將無一例外地任運成就。」

根據《寶篋經》的說法：㉗

除蓋障菩薩（譯註：為八大菩薩之一）菩薩問，大悲觀世音菩薩妙神通力的強大光輝是什麼樣子？

如來親口說出以下的回答：「觀世音菩薩的悲心，為地獄道眾生的修行帶來全然的成熟。祂以轉輪聖王的身相，全然地安住在餓鬼城的一座歡悅樹林中，祂給予那些受火折磨的眾生寬慰清涼，把所有的火坑轉化成為蓮花池塘。祂驅散地獄的守衛們，使閻羅法王一再地對祂頂禮。祂也清涼餓鬼城，平息金剛冰雹的雲朵。

此外，寶藏的守衛們㉘發現自己粗野的態度和緩了，並且變得具有菩提心。十條大河川從祂的十根手指頭流出來，四十條大河川從祂的十根腳趾頭流出來。露珠從這個具有大愛心的人的毛細孔中流出，降臨於餓鬼們身上。光是嚐一嚐這些露珠，餓鬼們的喉嚨就得以放鬆緩解了。他們的身體變得全然完好，天眾們的食物具有一百種滋味，他們滿足了。居住在大地上的佛法修行者的善德，使餓鬼們大大地隨喜佛法，隨喜大乘佛法的音聲在餓鬼道生起。在那個時候，智慧（本淨明覺）金剛杵擊垮了二十座斷見的高山，餓鬼們隨之投生極樂淨土。在那裡，他們如願成為菩薩，並被帶至成熟的階段。

祂每一天都如此地帶領無數十億有情眾生，臻至修行的成熟。甚至連如來們都缺乏觀世音菩薩的這種信心。」

在「日夜六時」期間，觀世音菩薩根據那些已經被調伏眾生之個別的先天能力、根器和發心，化現成佛、菩薩、聲聞佛、緣覺佛（或辟支佛）、天眾、天宮的樂師、夜叉、自在天、大自在天、轉輪聖王、嗜血惡魔、具有莊嚴出眾身體的眾生、婆羅門和金剛手，並且教授佛法。㉙

再者，即使呼喚觀世音菩薩的名號一次，就如同呼喚數量等同於恆河河床上的沙粒的諸佛名號。同樣的，設立一座觀世音菩薩像，即等同設立在過去、現在和未來三世曾經住世、正在住世和將要住世的一切諸佛菩薩像。花一天時間觀修聖觀世音菩薩的身相，其功德大於用一百年的時間修持六波羅密。這些即是觀世音菩薩一些不可思議的功德。

至於念誦十一面觀世音菩薩陀羅尼咒㉚的利益與好處，據說念誦此陀羅尼咒的人，最後將精通四種善功德：在死亡時，他將看見如來；他將不會投生輪迴下三道；在死亡時，他將能夠避免死亡的種種恐怖；在離開這個人世之後，他將投生極樂淨土。

所有佛法的經都濃縮在六字大明咒中。透過六字大明咒，所有的疾病、有害的影響力和障礙都會被驅除；行者將證得無數的善功德，例如長壽、離於病痛；六道輪迴眾生的痛苦將被平息；圓滿六波羅密；獲致六勝者之身。簡言之，光是看見、聽聞、憶念或碰觸六字大明咒，即種下了證悟的種子，所有的障蔽將迅速被清淨，並得以避免投生輪迴下三道。在一連串投生善三道之後，行者將迅速覺醒，並獲致圓滿的證悟。

光是從事大悲觀世音菩薩齋戒儀軌一次，一個人就能夠免除在輪迴中徘徊四萬劫，並且清淨所有緣於五無間罪的業與障蔽。㉛在圓滿六波羅密的所有善功德之後，行者將住於永不退轉的菩薩地（譯註：或不退轉菩薩，不退轉地菩薩）。女人也是如此，即使只從事大悲觀世音菩薩齋戒儀軌一次，死亡時將投生成為具有高深證量的菩薩（證得高層次的菩薩地），遠離輪迴。行者親身投入觀音齋戒，將清淨身體的障蔽，不會投生成為餓鬼。藉由靜默戒而禁語，將清淨行者語言的障蔽，不會投生成為畜生。在心裡念誦陀羅尼，將清淨心的障蔽，並且關閉投生地獄道之門。因此，行者使用這三種方法令身、語、意不斷保持覺察，將迅速離於輪迴。

在圓滿齋戒儀軌的早晨，提供行者食用熱穀片粥，即等同於服侍一位八地菩薩；服侍一個僅僅受了暫時的出家戒的行者，即等同於服侍一位阿羅漢。㉜資助觀世音菩薩齋戒儀軌的功德主，將不會投生輪迴下三道，而會具有覺醒之菩提心，在所有的投生中具有永不竭盡的順緣、圓滿佈施的功德，並且迅速獲致證悟。

有鑑於這些和其他不可思議的利益與好處，你要隨喜，並且日日夜夜精進而不散漫、全然清淨地追求善德，以強烈而不猶疑的利他心、信心和虔敬心爲發心。

如果你有意義地度過餘生，你將確保自己和他人的安康。勝者們的眞實語、所有偉大修行者的覺受和一個人本然明覺的直接證明，證實了這個事實，因此你應該全心追求有意義的人生。

在沒有做出一個錯誤起始的情況下，你將離於再生與死亡的恐懼；若不是如此，你將獲得欣喜迎接死亡的信心；或至少，你將了無恐懼或悔恨地死去。

我合掌，並且打從心底祈願，願你們所有人都能夠這麼做。我一再地敦促你們，不要讓你們的心猶疑不決，而要讓你們的心誠實地安住於這種充滿意義的精進之中。

順緣，順緣，順緣！

【註解】

①參見第一章，註解54。

②水的八種功德分別為澄淨、清冷、甘美、輕軟、潤澤、安和、飲時除饑渴等無量過患，以及飲已定能長養諸根四大。根據傳統說法，淨土的水都具有這些功德。

③五層牆壁象徵五部佛，在金剛乘中具有重要的意義。同樣的，這些宮殿的每一個「建築」特色，都象徵修行和證量的一種特定因素或特質。

④法輪是一種吉祥的象徵圖案，以黃金製成，其八輪輻代表佛教的八聖道：正見，即正確的知見；正思維，即正確的思考；正語，即正當的言語；正業，即正當的行為；正命，即正當的職業；正精進，即正當的努力；正念，即正確的觀念；正定，即正確的禪定。

⑤魔羯是一種神話中的水生物，有點像鱷魚，被用做佛教建築的基本圖案。

⑥參見第一章，註解90。

⑦根據傳統的描述，佛的身相具有三十二大人相，八十隨行好，這些都是各種內在修行功德的外在展現。

⑧傳統上，人們認為這種身上有斑點的黑羚羊性情特別溫柔悲憫。

⑨金剛跏趺座是指右腳置於左大腿上，左腳置於右大腿上。

⑩「轉法輪」這個慣用語是指傳授佛教教法。

⑪這是指把二十四小時區分為六個「四小時」的「鐘錶」的傳統方法。

⑫佛授記，在他入涅槃之後，其教法將在這個世界持續十個時期，每一個時期是五百年。在每一個相繼的時期中，研習和修持這些教法的方法會越來越淺而模糊，直到只剩下佛法的痕跡為止。在此之後，佛法將在這個世界消失，直到下一個佛——彌勒佛出現，再次傳法。

⑬大多數的哲學觀點不是傾向常見（eternalism，天真的確信事物如其所顯現地那般存在），就是傾向斷見（nihilism，天真的否認事物存在）。佛陀的「中道」避免了這兩種邊見。從世俗的觀點來看，這種中道中明緣起是一種過程，這種過程說明了現象的生起，在此同時，它也聲言這些現象缺乏任何真實的自性。

⑭即一個處於善的投生狀態的身體。

⑮六度或六波羅密（six perfections，梵文 paramitas）是構成大乘佛教精髓的特質，分別是佈施、持戒、忍辱、精進、禪定和智慧。

⑯正面地影響他人的四種方法，分別是：慷慨的佈施必要物品，用一種令人感到愉悅的方式說話，從事利益他人的活動，以及根據他人的風俗習慣和期望來行事。

⑰從聞、思、修教法所生起的智慧。

⑱正念、警覺、觀照和修行。

⑲八分支戒（或八戒）是暫時的誓戒，通常維持二十四個小時，常常和紐涅齋戒儀軌（即觀音齋戒儀軌）結合在一起。這八分支戒是避免殺生（不殺生）、避免偷盜（斷除偷盜）、避免說謊（不說妄語）、避免從事性行為（不非梵行或不淫）、避免在不適當的時間飲食（非時食，在日出之前和過午之後）、塗抹化妝品或穿戴飾品、不坐高座或法座，以及不唱歌、跳舞或演奏音樂。

⑳你的身、語和意。

㉑參見第一章，註解⑩。

㉒身、語，意。

㉓這段偈頌引自一本佛經，是藏傳佛教所有傳承的一篇著名的祈願文。

㉔這是一篇著名的祈願文。

㉕這是一個西方有關的淨土，藏文為「達瓦千」（Dawachan）或極樂淨土。

㉖此為《薩曇芬陀利經》（*Saddharma-pundarika Sutra*，譯註：薩曇為「妙法」，芬陀利為「白蓮花」，即《妙法蓮華經》，略稱《法華經》或《妙法華經》），或《蓮華經》（*Lotus Sutra*），有數本英譯本。

㉗Arya-karandavyuha Sutra，是一本和觀世音菩薩有關的佛經，解釋與觀世音菩薩有關的修行的利益，以及六字大明咒「嗡嘛呢貝美吽」的利益。

㉘指折磨餓鬼和增加餓鬼痛苦的地獄使者。

㉙聲聞佛和緣覺佛是那些修行和了悟小乘佛教修行法門的人，不同於藉由大乘修道而成佛的菩薩。天眾、天宮樂師等等，是六道輪迴中各種尚未覺醒證悟的眾生；自在天和大自在天是力量強大的天神。金剛手是「勇」菩薩（或具有修行力量的菩薩）。

㉚陀羅尼是一種咒語，通常像一篇長的散文，與一個特定本尊的功德或證悟面向的特質有關。

㉛參見第二章，註解㊲。

㉜阿羅漢（字面意義為「征服（內在的）敵人者」）藉由遵循小乘佛教的修行，而獲致部分程度的證悟。他或她已經了悟自我不存在，因此已經超越痛苦和未來痛苦之因。其缺點在於這種層次的了悟，只提供個人從輪迴中解脫，而不是解脫其他人的慈悲和善巧方便。

第四章

檐木山：度母淨土

頂禮觀世音菩薩。

在用慈悲之眼觀看有情眾生者的蓮足前頂禮。

我將讚頌此一非凡出眾的本尊

藉以圓滿二資糧。①

向祢頂禮，度母，本尊中的本尊，

一切修行成就之源，無一例外。

如同珍貴殊勝的如意寶，

祢賜予我們所渴望的一切成就與結果。

那些希望在心中真確地看見度母淨土的有情眾生，

將隨喜於淨觀的清涼光，

隨喜於綻放之信心蓮花的寬慰庇護。

當我從普陀山返回時，②在白度母的指引下向左方飛翔。我來到一個地方，在我眼睛觸及之處，整個區域長滿了青翠嫩綠的植物，美麗而栩栩如生。這是一處不可思議、令人驚嘆的美妙環境，有許多非凡的特徵。五色虹光的華蓋停留在空中，各處生長著種類繁多的花朵與蓮花。在此，沒有夏天或冬天的概念。如意樹的樹葉繁茂，葉片上掛著小風鈴和小鈴鐺。當風吹拂這些風鈴和鈴鐺時，它們以梵文發出佛法之語，例如南無阿亞塔列芒（Namo arya tare mam）。③由度母化身的鳥禽——麻雀、鴨子、孔雀、鶴、鸚鵡、松雞、杜鵑和天鵝，在各處嬉戲。這片土地充滿著財富與繁華，到了不可思議的程度。山巒由黃金、白銀、綠松石和珍貴的寶石構成，到處都是具有八種功德④的甘露池，以及由珍貴珠寶製成且陳設優雅的澡堂。

在這個淨土，沒有生、老、病、死的概念，所有的居民都神妙地從蓮花心中出生。在來世，他們不會聽到任何不悅或刺耳的音聲。居住在那裡的男女菩薩已經證得高深的證量。這個地方超乎想像，其尺寸無法度量，包含了數千座無可估量的宮殿，這些宮殿都是以五種珍貴的物質所構成。⑤

頃刻間，我已經抵達中央宮殿的入口。這座廣大天宮的外觀奇幻神妙，具有以四種方式解脫眾生的能力。⑥在我進入這座宮殿的那一刻，我從一般理性意識的深眠中覺醒，並且離於無明的障蔽。我本淨明覺（智慧）的內觀擴展了，體驗到一股激增的慈心與悲心。

當我通過西門時，遇見了祕密天女古雅德維（Guhyadevi, Goddess of Secrets，譯註：Guhya意指「祕密」，devi意指「女神」）。她似乎非常高興見到我。我繼續前進，來到一個中庭，其中有數千個身穿綠衣的天女，以梵文對二十一度母吟誦讚頌文。她們間或敲擊小指鈸、黃金手鼓，用檀香木、黑檀木、蛇心木⑦和四種心材製成的鼓，以及鐃鈸、銅鑼和笛子。她們常常用這些種類多得不可思議的樂器演奏出來的音樂，凸顯她們的吟誦。在聽她們吟誦之際，我感受到一種無法想像的虔敬心；我在心中行供養（意供養），並且熱切地念誦二十一度母讚文。

我進入一幢小屋，在那裡發現一位天女。她顯得非常老邁，白髮盤繞起來如同一只海螺殼，但她的牙齒卻整齊無缺，面容宛如一個正值青春的女子般光滑。這位異常高貴的天女和一大群環繞著她的眷屬坐在一起。她擁有一個祕密名號，但卻以她的眞名長壽天女阿玉德維（Ayurdevi, Goddess of Longevity）⑧而廣爲人知。我做大禮拜、繞行、施行曼達供養、念誦七支祈願文和祈願文。

她說：「我的女孩，這是怎麼回事？你來到我面前是多麼的幸運，多麼的神妙而不可思議！是什麼樣的業緣讓你出現在此地？我是一個功德祕密隱藏的天女，受到尊貴且不可思議的本尊度母的慈悲眷顧，我已經擁有不壞金剛身。」

她把雙手放在我的頭上，顯露出極大的欣喜。她念誦道：

對一個擁有紅寶石光澤、正值青春年少之十六喜⑨者頂禮。
她戰勝魔羅的不和勢力，
她賜予不壞身之成就。

她補充說道：「在印度和西藏，甚至連一尊我的像都找不到。雖然有無數的瑜伽士和瑜伽女受到度母的慈悲眷顧，而能親身造訪此一淨土，或在禪觀中、夢境中造訪此一淨土，然而卻沒有一個人曾經見過我。」我因為她說的話而感到欣喜。

我繼續往中央宮殿前進。在宮殿中，我看到用海螺殼、黃金、珊瑚、翡翠和藍寶石建造的五層牆，每一層都以紅寶石做帶狀裝飾。宮殿的樑柱是以紅珍珠製成，主要的頂樑是由石英水晶製成，由寶石製成的椽子能夠實現人們所有的願望。各處都有寬廣的窗戶與天窗，照亮宮殿內部。在黃金製成的楣頂上，是一個由珊瑚製成的三角楣飾，支撐著一個由綠松石製成的藍綠色拱頂。在宮殿的四個方面，設置有著魔羯頭的怪獸像，魔羯的嘴巴懸掛著白色、黃色、紅色和綠色的珍珠串和珍珠環，其上有小小的黃金風鈴，發出悅耳動聽的聲響。宮殿中回響著旋律優美的音樂，可以消除輪迴下三道眾生的痛苦。無量心⑩焚香的香氣四處飄送。他們精緻地陳設美妙得無可想像的供品。

在宮殿中央，有一朵多彩的千瓣蓮花，其上有一個月輪，月輪上坐著唯一的皈依、悲心的化現、三世一切勝者之母、眾菩薩之姊妹。她受到人道眾生和天眾眾生的崇敬，這些眾生用他們的頭頂碰觸她的腳掌。她即是源自於尊者⑪眼淚的高貴度母。

她的身體呈現藍綠色，散發出來的光輝比一千個太陽所照耀的綠松石山還要明亮耀眼。她的身相以大人相和隨行好爲莊嚴，散放出無限的光芒。她的身體是十六歲少女的身軀，身穿以天眾之絲所製成的絲衣，並飾以珍貴無價的如意寶。她的頭髮閃亮烏黑。她把一半的秀髮梳綁成頂髻，另一半的秀髮則任其垂下，覆蓋著雙肩，這一半的秀髮上交錯繫著藍綠色絲帶，在風中飄揚。她的左手擺出象徵三寶的手勢，⑫握著一朵綻放的綠色睡蓮，花瓣倚在她的耳畔。她的右手做出給予皈依的手勢，⑬她庇護眾生離於迷妄娑婆世界的無限恐懼。她的雙腿呈女菩薩的半跏趺座。

許多高貴的女菩薩以順時鐘方向順著她繞行。日護大師在她的右邊，達瓦嘉岑菩薩在她的後方，詩人月官居士在她的左側，燃燈佛在她的前方。⑭總而言之，那裡總共有好幾千位重要人物及其眷屬，以及幾十萬個、數量多到不可思議的度母身相，其中包括威猛龍吼度母、無上力度母、任運成就度母、無畏度母、光度母、調伏眾生度母、章元度母⑮、不可思議度母、善巧度母、證悟度母、中藏度母，以及中國度母。我都可以清晰地看見這些度母，但她們的身體卻不是血肉等五蘊的結合；相反的，她們是本淨明覺的虛幻身相，以各種方式化現的奇妙展現。我看見她們全都散發著光燦，如同映照在廣大海洋上的星辰與行星。

這個時候，我對一般實相的執著自動寂滅，暫時體驗到一種無法形述、無法想像的無限宇宙次序感，一種廣大浩瀚而全然無礙的清淨，沒有什麼執著爲究竟眞實。在一種充滿信心和全然喜悅的狀態中，我一再地頂禮。我走向尊貴的度母，供養宇宙曼達和七支祈願文。我懷著強烈的渴望，向守護雪域的三位本尊祈願。⑯我把她的雙足放在我的頭頂上，以一種悲傷的聲調唱出這首歌曲：

哎，哎，眾勝者的慈悲之母！
祢摯愛的女兒在輪迴的曠野中徘徊，
受到八萬串習念之盜賊的猛烈襲擊。
她幾乎要喪失最美好的圓滿善德財富。
高貴的度母，用祢的悲心抓住她。

此時此刻，當這些墮落末法時代的徵相在我們周遭蔓延時，世尊佛陀的教法是向水神居所移動的太陽。⑰
持有教法的善知識們已經前往淨土。
經續的教法因爲宗派偏見之雲而失色。
高貴的度母，用祢的悲心抓住我們。

許多有情眾生沒有休憩喘息之地，
時時因爲業病和煩惱而痛苦，
他們承受無法忍受之不幸後果的痛苦。
他們需要很長一段時間才能達到全知與解脫之地。
高貴的度母，用祢的悲心抓住他們。

邪靈之色在天空中凸顯而出。
那些修持佛法者之勝幢的光芒消退。
現在世界充滿假裝懂得修行的吹噓者，
爲免有情眾生被帶上邪道，

高貴的度母，用祢的悲心抓住他們。

野蠻人和邊界的部族把教法帶到盡頭。

與五種邪惡力量之間的戰爭永無止境。⑱

如果祢不庇護我們免於這些邪惡勢力，那麼祢要對誰顯現智慧與力量？

高貴的度母，用祢的悲心抓住我們。

我念出許多其他的祈願文，心中充滿了渴望。尊貴的度母把她的右手，上面有著一個如意輪⑲的清晰勝印，放在我的頭上，並且回答：

喔，可愛的少女，月度母⑳，仔細聽著。

過去，在最早劫的最早時期，

當我生起殊勝的菩提心時，

沒有一個人發願以女身圓滿成佛。

所以我發出以下的願望：

「我將以女身顯現。

我將帶領如汪洋般廣大浩瀚的眾生達至無上覺醒證悟。

甚至在眾生憶念我名號的剎那，

他們將在八種恐懼面前了無疑慮，[21]

並將從輪迴深淵中浚通而出。

在我帶領這些眾生圓滿證悟之前，

我自己絕不成佛。」

我懷著這些和其他十萬個願望，

立下承諾和誓戒。

在這個淨土，雖然我原本已是一個佛，

但我仍然顯示圓滿成佛的方法。

我對一切眾生的悲心是巨大的；

尤其是對西藏的臣民，
我的事業是迅捷的。
因此，充滿智慧和幸運者，
你們要如下仔細地守護尊貴度母之令：
在五個末法墮落（五濁惡世）的時期，㉒當教法只剩下遺跡時，
當野蠻人的入侵將很快地把教法帶到盡頭時，
這具有修行之閒暇的崇高支柱，㉓受到無常喪鐘的威脅。
如果你們對因果業報感到迷惑，
求教於佛經和密續，藉以帶來安樂，消除痛苦。㉔
金錢和財物，朋友和親戚，父親和母親不是皈依。
誰將提供皈依？永遠可靠無謬的三寶。
尤其在「日夜六時」期間，
一再地向庇護雪域的三本尊祈願。

極樂淨土的阿彌陀佛，
普陀山淨土的聖觀世音菩薩，
在妙拂州的咕嚕多軫札，
在贍木山淨土的聖度母，
以及根本上師們——他們是所有這些本尊總集之精髓，
他們在本質上是相同的，僅僅在外相上有所區別，
他們和你自己的本然明覺同樣處於一個本初狀態中，無二無別，
超越一般的聚合與分離。

永遠把你的注意力導向善德。
切勿把這個人身浪費在令人分心的事物上，
或對佛法只採光說不練的態度，
而是要從內心深處眞心誠意地
依止信心、淨見、悲心、菩提心、精進、智慧、正念、警覺和自制。

如果前行、正行和結行三次第圓滿，
你的目標果實將會成熟。
尤其，如果你自己或他人念誦大悲三本尊的心咒——
嘛呢咒、悉地咒和塔列咒（度母咒），
甚或舉行一次紐涅齋戒儀軌，
將消除從事有害行爲和違背誓戒的四萬劫業果，
那麼還有必要說經常修行的利益和好處嗎？
因此，行爲有德有守，對因果業報了無迷惑。
可以肯定的是，
你們這些能夠祈願的幸運者，
死後將毫無猶豫地前來瞻木山淨土，
而且不會面臨艱難或疲累。
我發誓，我將前去迎接你們。

我的化身，例如一般的善知識、男人和女人、動物和鳥禽等等，
以各種身相引導和照護其他眾生。
由於有無數個化身身相，
因此你們要有信心和淨見，並且祈請和祈願。

她的話語在我心中激起無量的信心和喜悅，我一再祈願領受四灌頂。[25]雖然我覺得與度母分別的痛苦，比天道眾生從他們的快樂中墮落的痛苦來得大，但是度母卻對我說：「切勿悲傷！在任何一個生世，我們將永不分離。我給予你仁津多瑪——持明度母這個名號。此外，我事業能量的一個化身——一位天女，將在『日夜六時』期間時時刻刻陪伴在你左右，如同一個人對另一個人談話一般。」

我繼續前進，來到一個小房間，在這裡遇見日巴當帕嘉噶。他的身體強健，頭髮花白，微微稀疏。他有四個兒子和四個女兒。年紀最小的女兒薔塔瑪對我說：「你來尋找我，這是

一件好事。」並且開始對度母愉快地唱歌跳舞。她對我非常有感情。她的父親坐在附近，手中握著一只長壽寶瓶，對著自己發笑。當我請求他為我說一段祈願文時，他又笑了，定定地凝視，專注於他的注意力片刻。

我從西門離開宮殿，在一個池塘內沐浴，並飲用長生甘露。（如果我必須記錄我在那裡的一切見聞和遇見的所有人，那麼肯定要用掉數函的篇幅，但是我無法一一加以記錄。）

在距離這座宮殿不遠的地方，我碰見一棵卡拉達塔瓦樹，有著黃金製成的樹根、銀製成的樹幹、藍寶石製成的樹枝、琥珀製成的樹葉、紅寶石製成的花朵，以及鑽石製成的果實。這是一棵如意樹，似乎覆蓋大地。這棵如意樹上懸掛著多彩的絲質旗幟，以及珍珠串和珍珠環。這些珍珠串和珍珠環上有著黃金製成的小風鈴，發出叮噹的聲響。這棵樹的頂端棲息著一隻鳥王——一隻瑪薩鳥，但是牠有一個不同的名稱「卡拉塔瓦」。牠的身體由七種珍貴稀有的寶石構成，頭頂上的冠是由一顆「薩瓦帕拉」寶石製成。牠的羽毛比孔雀的羽毛還要漂亮。牠以梵文發出鳴叫：薩瓦　菩達耶　欸卡　波塔拉　雅那　度卡香提　悉地帕拉霍（Sarva buddhaye eka potala yana dukhashantim siddhiphala hoh）。這或許可以翻譯爲：「爲了證得圓滿菩提，前往普陀山淨土。願六道輪迴眾生離於痛苦，獲得殊勝的修行成就。」

這棵樹的樹根處坐著一個白髮老人，手中握著一把名叫「境月」的斧頭，亦即圓滿目標之月。當我坐在那裡休息、享用該樹的果實時，那個老人大聲說道：「聖觀世音菩薩送來的男孩，從卡拉達塔瓦樹的樹根蹦出來。」

此時，群鳥開始尖聲叫喚：「哎！」牠們拍打著翅膀，眼淚從牠們的眼睛落下。鳥王鳴叫道：

切勿砍倒卡拉達塔瓦樹！
卡拉塔瓦鳥將落至地面。
喔，老人哪，願你長壽，離於疾病。
我這隻鳥將前往普陀山。

我看見老人砍倒卡拉達塔瓦樹和卡拉塔瓦鳥落至地面的交替景象。我擁有許多如此這般的祕密境相。接著，一位受到尊貴的觀世音菩薩加持的在家行者出現，觀看我念誦二十一度母讚文。過了一會兒，他說：「這樣的念誦有其利益」：

所有那些在心中銘記此祈願文的人，
將無一例外地盡除所有的過患和缺失，
如同漸盈的新月般增長正面的功德，
並受到千佛的加持。
喔，這最崇高的讚文是多麼不可思議；
僅僅在心中呼喊一次，
一個人必定會投生在最殊勝的極樂淨土。

他也陳述了念誦讚文世俗的和勝義的利益，這些利益一如傳統出處所解釋的。

接著出現了一個人，此人在之前的生世曾經和金剛持、蓮花生大士結下三昧耶的因緣，並且曾是甚深廣大佛法伏藏的守護者。後來密拉札巴多傑（Mila Zhadpa Dorje，雪域西藏實修傳承的唯一嚴飾）在聖母峰和秋巴地區的時候，她成爲密拉札巴多傑的明妃，密拉札巴多傑才得以把細微的能量和心識導入中脈。㉖最後，她曾經是令人崇敬的祖古吉美多噶曇津（一位智慧金剛持或本初明覺金剛持）和德千多傑（數百位修行大師的頂嚴）㉗的私人守護本尊，驅除他們長壽的障礙，增長他們無分別地利益眾生的事業。她以札西慈仁瑪——藥師天女之后的名號廣爲人知。她從我殊勝上師的道場呼喚三次：「你，達娃多瑪！回到人間來！」

當我聽到她清晰聲音的回響時，開始想到我在東美地區殊勝的叔叔、友伴和親戚，以及我的雙親。我心中充滿了一種特殊的渴望，並且想要返回人間。於是在白度母的陪伴下，我瞬間返回人道。人間已經過了整整五天（即在白天或黑夜，以十二小時為一個時期，總共有十個時期）。當我的心識重新進入肉身時，我猛烈地打噴嚏。剛開始，我感到全然的迷惘，

彷彿剛剛從睡夢中醒來，但是很快地，我對淨土的景象充滿信心和喜悅，對地獄的業相則感到害怕。㉘

創巴叔叔㉙站在我前面，手中握著一支繫著絲帶的箭，充滿血絲的雙眼定定地注視著我。我一個字也說不出來，彷彿我有點害羞。我用見者的藥雨㉚和在進行尊勝佛母修法期間使用的水來淨身。

每一個人都在哭喊，滿是興奮，說著像這樣的話：「很辛苦吧？你一定餓了！你一定渴了！」他們急切地幾乎把食物和飲水倒在我頭上。雖然我抗議道：「我完全沒有因爲饑渴而感到不適。」但他們不相信，並且堅持：「吃吧！喝吧！」他們全都感到無量的喜悅，如同一隻母駱駝找到失落的小駱駝般，並且一起享用慶祝的盛宴。

我休息了一兩天之後，隨即由嘉蘇祖古寫下我在普陀山淨土、瞻木山淨土和地獄道的所見所聞，沒有任何的捏造或篡改。

所有無量勝者之祕密身、語、意，
無別地在勝者之母度母身上總集。

當她慈悲的光芒穿透我心的剎那，
驅散了我心的一切黑暗。

由於我之前的祈願，
在淨土清晰地顯現於我的心鏡上之後，
這純淨而正確的記述離於所有的誇張或異議，
沒有受到宗派主義或忌妒的惡劣影響，
完全是因爲我的上師們的慈悲而發表。
因此，如果我們虔敬地尊崇那些顯示我們正確道路的聖者和善知識，
那麼在我們的生生世世中，
他們將賜予我們加持。

撒瓦　瑪噶朗——願一切吉祥。
順緣，順緣，順緣！
願吉祥閃耀，莊嚴此世間。
甲揚圖（Jayantu）——願有所勝利。

【註解】

①參見第二章，註解㊵。

②她前往觀世音菩薩淨土。

③「我禮敬尊聖度母。」

④參見第三章，註解②。

⑤黃金、白銀、珊瑚、珍珠和綠松石或藍寶石。

⑥透過被眾生看見、聽聞、碰觸或憶念。

⑦檀香木的心材。

⑧在給予灌頂，讓修行者得以進入金剛乘佛教的一個正式禪修法門期間，上師所賜予修行者的一個祕密名字。

⑨金剛乘的專門用語中，在禪修中生起喜悅發生在十六個不同的次第。一個十六歲少年和少女的影像被用來象徵這個過程。

⑩無量心為慈心、悲心、喜心和捨心等四無量心。

⑪傳說白度母和綠度母是從大悲觀世音菩薩為了受苦之眾生所流下的眼淚化現出來的。

⑫即拇指握住無名指的指尖，並且朝向掌心，食指、中指和小指則向外伸直。

⑬即掌心向外，手指朝上伸直。

⑭所有這些人物都是以度母法門為主要禪修法門的佛教大師。

⑮無法辨識，可能是位於亞洲的某個地區。

⑯即觀世音菩薩、度母和蓮師。

⑰即如同太陽西下入海一般地漸漸式微。

⑱一個集合名詞，指對抗眾生之安樂福祉和佛教教法之弘揚興盛的力量。

⑲在腳掌和手掌上的法輪印是佛之三十二大人相之一。

⑳達娃多瑪（月度母）的梵文。

㉑參見第二章，註解①。

㉒五濁是指壽命減短（命濁）、煩惱增長（煩惱濁）、對教法的抗拒增長（眾生濁）、衝突增加（劫濁），以及見地顛倒墮落（見濁）。

㉓投生於人道被視為達到解脫的理想支柱或基礎。

㉔這句話在原稿中似乎有所訛誤，曾經根據恰度仁波切的建議加以修改。仁波切覺得這句話或許可以解讀為：「如果你對因果業報感到迷惑，你將忍受不息的痛苦。」

㉕在金剛乘佛教中，給予修行者灌頂，使其得以修學特定禪修技巧的較繁複儀軌，牽涉了四種層次的灌頂。

㉖參見《密勒日巴道歌》（*The Hundred Thousand Songs of Milarepa*），Garma C. C. Chang 譯，一九七七年香巴拉出版社出版，第二卷，第三五七頁至三六一頁，「慈仁瑪與手印修行」（Tseringma and the Mudra Practice），詳細說明了密勒日巴與空行母慈仁瑪相遇的經過。在金剛乘佛教中，中脈與高深的瑜伽修行法門有關。

㉗即達娃多瑪的叔叔直美卡玉旺波；參見第一章。

㉘業相是指業加諸在尋常眾生之上的覺知狀態。

㉙這個人物曾在第一章被提及，事實上是達娃多瑪母舅的轉世，而不是她的血親。正是東美創巴對恰度仁波切預示，度母法門是他（恰度仁波切）的主要修行法門。恰度仁波切二十三歲時，也就是一九五三年或一九五四年，東美創巴仁波切圓寂。

㉚參見第一章，註解㊸。

第五章

通往解脫的階梯：善報與惡報之總結

唵　了無造作和離於戲論乃法身上師；

充滿大樂之樂受本質——報身，乃上師，乃法王；

出生於一朵長莖蓮花者，乃化身上師：①

我禮敬此三身之金剛持。

完美無瑕之本尊，祢的身相爲白色，

祢以圓滿覺醒之佛爲頂嚴，

用慈悲之眼凝視凡俗眾生：

我禮敬觀世音菩薩。②

一切勝者之皈依，一切勝者顯現其功德之地，③

母親，尊貴的度母，在祢的蓮足之下，

我將懷著虔敬心皈依，完全信賴祢，

直到我獲致證悟。

我仁慈的母親生下我，達娃多瑪，東美家族的女兒，出於慈悲而深情對待所有悲慘不幸的眾生。在我十五歲那年，染上一種疾病，母親，白度母，激勵我，用一種藥物完全緩解了我的痛苦，讓我死裡逃生。我在十天十夜的期間，④不進飲食，體驗到授記的淨觀，驅使我探索什麼是善。在今生的顯象和我對這些顯象的覺察停止之後，四位空行母成爲我的友伴，把我放在一個絲製的轎輿上。我們短暫地通過中陰的狹窄通道。我看見可怕的景象，瞬間且模糊不清。我也看見幾個殊勝的大師帶領眾生脫離那種狀態。我和他們交談，那時的心情對他們的慈悲既充滿信心，也對輪迴有所醒悟。

嗡嘛呢貝美吽。

吉祥銅色山淨土的形狀有如一顆心臟。在銅色山壯觀的山坡上，有一座空行母城，該城位於一座樓層眾多、透明、面積無可估量的宮殿中央。我在空行母城，遇見吉祥的鄔金及其化身的眷屬，即西藏國王及其臣民。⑤我懷著信心和渴望，向鄔金頂禮，懇請他賜予我皈依。他賜予我特殊的灌頂和加持，他的心充滿了慈悲。他說：「切勿忘記六道輪迴眾生所展現的景象；返回人道懇求人們追求善行。」一大群空行、瑜伽女和智慧空行母耶喜措嘉，用護送我一百步的方式顯示他們對我的敬重。我用崇高的祈願文感動了他們的心。

在我的怙主度母激勵之下，我通過中陰漫長而狹窄的隘道。在那裡，我看見各種已故眾生（那些我認識和不認識的眾生）瞬間而模糊的景象。這些痛苦不幸的眾生悲愁地呼喊，要我把許多令人沮喪的訊息帶回給人間的生者。他們懇求：「出於你對我們的喜愛與慈悲，請傳達我們的訊息。」他們緊抓著我的手，眼淚奔流而下。我無法忍受此一情景，於是一再地念誦嘛呢咒。

嗡嘛呢貝美吽。

當我行經陰間時，看見了那些沒有佛法慰藉的眾生有多麼痛苦。血淋淋的武器如雨般從這些眾生頭頂上的天空落下，他們身處的空間因有如一千隻龍巨大聲響的怒吼而震動，在地面上，可怕的地獄使者揮舞著殘酷的武器，大聲叫喊：「殺，殺！打，打！」痛苦悲慘的龐大黑暗籠罩著那個區域。

嗡嘛呢貝美吽。

在中陰，那些曾經修持佛法的人感到快樂而滿足。對他們而言，天空充滿了數百道彩虹，甜美的甘露雨從天而降，空行和空行母在每個方向唱歌跳舞，演奏樂器，呈獻大量的供品，帶領這些眾生走上通往極樂解脫的道路。對這些眾生而言，安樂的日子已經展露曙光。

嗡嘛呢貝美吽。

在世間的你們，雖然已經積聚了可以穿一百年的衣物，但是在死亡的早晨，你們將一絲不掛地赤裸前行，因此，衣衫襤褸的修持善行，比積聚可以穿一百年的衣物來得好。雖然你們已經累積了可以吃上很長一段時間的食物，但是在死亡的早晨，你們將餓著肚子上路，因此，即使把你的剩菜殘羹當作禮物佈施出去，也比累積可以吃上很長一段時間的食物來得好。雖然你們已經積聚了一輩子的財物，但是在死亡的早晨，你們將空手而去，因此，爲來世的旅程預備糧食，會比積聚一輩子的財物來得好。在那個早晨，當閻羅法王黑暗陰森的索套接近你們的時候，就該是你們離開的時候了。無可奈何地，你們的父親和母親不會在那裡保護你們，你們慈愛的親戚和朋友不會在那裡庇護你們。你們將會了解，他們僅僅是你們快樂和喜悅記憶的對象，卻沒有眞實的本質。拋下這些以迷妄爲基礎的表象和覺知的束縛，因爲現在絕對是修持殊勝佛法的時機。殊勝佛法將在來世爲你們帶來眞正的利益。切勿讓你們的餘生不知不覺地消逝。

嗡嘛呢貝瑪吽。

在另一個不淨觀中，我看見模糊而可怕的地獄景象。在一個可怕的骷髏堡壘中，閻羅法王高高坐在由骷髏所堆疊而成的寶座上，可怕而殘酷。許多可怕的閻羅王使者把無數眾生像趕牲畜般趕在一起。這些眾生已經死亡，置身中陰之中。每一個眾生都伴隨著一個皮膚白皙的孩子和一個皮膚黝黑的孩子，這兩個孩子精於評估善行和惡行。牛頭使者阿瓦嵐果（譯註：即之前所提及的阿瓦）精於閱讀業的卷軸紀錄，獅頭使者精於擊打業的審判鼓，蛇頭使者精於探測業鏡的內容，鹿頭使者精於鋪設拷問架，紅雪熊頭使者精於磨利武器，猴頭使者精於度量業秤，熊頭使者精於分辨善行與惡行。這七位使者仔細地檢視死者的善業與惡業，對那些修持佛法的死者歌頌讚文，並帶領他們走上光明的解脫道。

嗡嘛呢貝美吽。

地獄使者們揪著那些沒有修行功德的死者頭髮，把他們拖進黑暗陰森的道路上。使者們叫嚷著：「殺死他們！砍他們！打他們！」炎熱地獄和寒冰地獄是這些眾生注定要前往的目的地，他們要在那裡忍受一劫的無間痛苦。

嗡嘛呢貝美吽。

我對眾生的情感，使這一切變得無法忍受；我用悲傷的旋律唱誦嘛呢咒和度母咒。這麼做，為那些懷著信心和渴望而與我結緣的眾生帶來些微利益。

嗡嘛呢貝美吽。

閻羅法王聚精會神地凝視著我，盤問道：「女孩，你曾經從事什麼樣的善行，或犯下什麼樣的惡行？有所隱瞞沒有任何好處，從實招來！」我的怙主度母起身，恭敬的行禮，並且說道：「啊，這個女孩有信心、有恭敬，因此不要對她發怒。她慈悲對待那些地位低下的人，並且總是避免有害的行為。」閻羅法王不顧度母的請求，對我說：「揭示你的善行和惡行。」

牛頭使者仔細查閱卷軸。「嘿，嘿！雖然你做很多事情，但你仍然不失專注。」這個女孩恭敬的說：「我曾經犯下把任性的孩子推到地上的過失。」當我說這些話時，覺得有一點點恐懼。

然而，閻羅法王微微笑道：「雖然你可能需要清淨你的缺失，但是你對年幼孩子所表現出來的愛與保護，勝過你曾經犯下的任何一個有害行爲。我可以把你送回人道。現在，把你對地獄道的記述、死者的訊息和我的指令帶回世間，並且清楚的對他們講述。你也要及時懺悔所犯下的有害行爲，同時追求善行。從今以後，確定不要做任何會令自己感到羞愧的事情。」

嗡嘛呢貝美吽。

雖然死者們捎回許多訊息，但是我請你們在此聚會，傾聽我要講述的重點。你們被死者留在世間，無可避免地要對善業和惡業負起責任。那些在悲慘下三道的不幸眾生不斷的受苦，沒有逃脫的機會，因此不要讓你們對他們的情感和慈悲消退。現在是爲他們快速回向一些功德的時機。

嗡嘛呢貝美吽。

至於善德，不論是在願（意圖）和行（實際）方面，現在都是依止「積聚」、「清淨」和「增益」三個重點的時機。⑥清淨你的障蔽，如同你跌倒後必須依賴地面再重新站起來一般，你必須清楚的觀想、敬重和崇拜信心所歸的對象，並對其懺悔發露。書寫、閱讀和傳佈閻羅法王指令這三種行爲，尤其是書寫、閱讀和傳佈《解脫經》、《三重清淨經》（*Sutra of Threefold Purification*）、《佛名經》（*Enumeration of Names of Buddhas*）、《藥師佛經》（*Sutra of the Medicine Buddha*）、《懺過經》（*Confession of Failings*）和《懺悔密續》，乃是清淨障蔽最崇高的方式。金剛薩埵、全知的毗盧遮那佛（大日如來）、不變的不動佛、寂靜忿怒本尊儀軌、浚斷地獄深淵儀軌、虛空藏菩薩⑦、《解脫經》，以及以「無垢」爲名的兩部經典（在佛經和密續中），要使用這九種方法來清淨障蔽。你們要不斷地懷著信心與悲心，持有「不斷明覺」⑧的三個重點，念誦嘛呢、悉地和塔列咒，以及百字明咒。懸掛風馬旗，把咒語刻在石頭上，轉經輪，以及舉行紐涅齋戒儀軌。拯救眾生免於受到傷害，解救注定要被殺死的眾生生命，關閉打獵區域。此時此刻是行供養以支持修行者和薈供的時機。如果死者和生者之間的關係不是薄弱的，那麼藉由家人、佛法或物質而與生者結緣的死者，將會從他人回向給他們的善德中獲益。你們要不斷地以特定個人的名義來回向善德。如果你們以這種方式來行止，其利益將會是巨大的。一般而言，死者和生者共享一個根本而共同的命運。我對你們說：「切勿忘記死者的訊息。切勿疏遠死者或忽略死者。」有所領悟的人，要把這一點牢記於心。

嗡嘛呢貝美吽。

再者，閻羅法王做了以下的指令：

在世間的所有人，不論地位高低：
有生就有死，有聚就有散。
消散是聚合的最後結果，下落是高升的最後結果。
由於在輪迴中，沒有什麼是恆常或穩定的，
因此切勿執著於事物似是爲眞的恆常性或視其爲眞實。
任何顯現在你面前的事物，如同夢中的經歷；

切勿執著於快樂的虛幻表象。

如果你想獲得快樂，就要棄絕掉舉和怠惰。

生起出離心、菩提心和淨觀。

把你的三門⑨投入於全然正面的事物上。

如果你不希望痛苦，那麼清淨之前有害行爲的業果，

並且下定決心不再重蹈覆轍。

正面行爲和負面行爲的業果是絕無謬誤的；

切勿用空話來否定業果。

你將投生在黑暗之土達一大劫之久。

那些懷有巨大貪欲之人，將在餓鬼道飽受饑渴之苦達一百八十萬年。

那些懷有邪惡動機和著迷於殺戮之人，將在炎熱地獄和寒冰地獄待上許多劫。

那些從事負面行爲以對抗重要人物之人，

那些曾經犯下無間罪之人，⑩

或那些曾經背棄佛法或對佛法存有邪見之人，

將投生金剛地獄達一劫的時間，
並且經歷巨大無間的痛苦。
那些心懷忌妒和爭強好勝之人，
或那些喜歡爭吵和衝突之人，
將長時間在阿修羅道受苦。
那些心因爲驕傲而自大之人，以及那些善業容易耗盡之人，
將投生天道，而且終究會從天道墮落。
那些既犯下惡行也從事善行之人，
將投生成爲受焦慮和匱乏支配的人。
嗡嘛呢貝美吽。

因此，沒有墮入有害的行爲——世間八法，⑪
或不合理的心的狀態，
努力種下全然清淨的善根。
嗡嘛呢貝美吽。

當祕密從事的行爲所造成隱藏的業，降落在你身上時，
此隱藏的業就變得明顯。
善與惡的抉擇掌握在你手中。
如果你不思考這一點，
當你來到我這個死亡之主的面前，在正義的法庭之前，
悔恨將毫無用處。
嗡嘛呢貝美吽。

如你所見，我召集許多死者做爲我的使者。
我們用銳利的武器刺穿眾生，
我們逼眾生喝下一大鍋一大鍋融化的金屬，
我們使眾生受炎熱與寒冰之苦達數劫之久，
我們確定眾生受到無間的痛苦。
嗡嘛呢貝美吽。

切勿忘記這些訊息，清楚的傳達這些訊息，

這將爲你帶來巨大的功德。

你們這些在此聚集的出家眾和在家眾，

我要求你們一再地深思這些事情，

直到你們確定其意義爲止。

嗡嘛呢貝美吽。

我請求皈依之源、勝者們及其子嗣當做我的見證。願我和其他人在三世所積聚的一切善德全部回向，藉由此回向的力量，願勝者們的教法，不論是理論的或經驗的，都得以在各方發揚到極致。願上師們、我們的吉祥怙主們的證悟願望都得以實現。願一切勝者及其子嗣因供養而感到欣喜。願持有教法的聖者們的證悟事業得以弘揚。願那些護持教法者的神聖因緣，透過神聖所依物而實現。願持守教法之僧伽的見地與行止清淨。願那些敬重教法之人的力量與影響增長。願陽世與陰間的墮落得以平息。我回向此善德，以求爲當下和未來帶來療癒。

我把此善德回向給我的雙親，也回向給敵人、惡魔、障礙，以及所有那些透過善業或惡業與我結緣的眾生，尤其是回向給那些仰賴我維生的男人和女人，爲我們犁田的馬匹，把全身的精華供應給我們的牛隻，以及我們所使用的血、肉和皮革——我們直接或間接造成其死亡的一切有情眾生。我回向此善德，如此，我們和其他人所犯下的一切有害行爲和過失，或別人因我們的緣故而犯下的有害行爲和過失，或我們對所犯下的有害行爲或過失感到高興，以及引起這些行爲和過失的串習，都得以迅速被清淨。我回向此善德，如此，置身六道輪迴和中陰的一切眾生都得以輕易而迅速地圓滿二資糧，直接了悟實相普遍而根本的本質，證得彰顯出離與成熟之功德的無上正等正覺。

此地獄道景象的摘要，是由耶喜措嘉的眞實化身——空行母謝洛卻登，也就是達娃多瑪，以轉法輪的態度⑫所造。

撒瓦　瑪噶朗——順緣，順緣，順緣！

願一切吉祥。

【註解】

①這是指蓮花生大士。七句祈願文讚頌他從一朵蓮花中出生的不可思議經過。參見第一章，註解②。

②這是讚頌觀世音菩薩的著名讚文。觀世音菩薩是一切諸佛的慈悲化現。第二句話是指蓮花部部主阿彌陀佛；人們常常描繪阿彌陀佛安坐在觀世音菩薩的頭頂之上。

③度母做為一個女性本尊，象徵空性是一切諸法的本質。空性可以被認為是一切諸佛之源（因為成佛是由全然了悟空性而得），也可以被認為是一片功德田，藉由了悟空性，功德在這片田地被顯露。

④十個以十二小時為一期的日或夜，換句話說就是五個整天。

⑤「國王及其臣民」是指蓮花生大士停留西藏期間，成為他親近弟子的二十五個西藏人。這群弟子由西藏國王赤松德贊——蓮師在其統治西藏期間入藏，以及包括赤松德贊的王后耶喜措嘉、政府官員、在家和出家佛教大師等其他人物（身為西藏人，這些人當然是西藏國王的臣民）。

⑥即積聚功德、清淨有害行為的業果，以及增長一個人正面的品質。

⑦虛空藏菩薩是八大菩薩之一，他的禪修法門對清淨有害行為的業果特別有效。這些有害行為是指會使人墮入輪迴下三道的行為。

⑧這種明覺是指把一切色相視為本尊之身相，把一切音聲視為咒語，把一切念頭和心意的活動視為本然明覺的展現。

⑨即身、語、意。

⑩參見第二章，註解㊼。

⑪參見第一章，註解⑽。

⑫參見第三章，註解⑩。

橡樹林文化 ❖❖ 善知識系列 ❖❖ 書目

JB0001	狂喜之後	傑克·康菲爾德◎著	380 元
JB0002	抉擇未來	達賴喇嘛◎著	250 元
JB0003	佛性的遊戲	舒亞·達斯喇嘛◎著	300 元
JB0004	東方大日	邱陽·創巴仁波切◎著	300 元
JB0005	幸福的修煉	達賴喇嘛◎著	230 元
JB0006	與生命相約	一行禪師◎著	240 元
JB0007	森林中的法語	阿姜查◎著	320 元
JB0008	重讀釋迦牟尼	陳兵◎著	320 元
JB0009	你可以不生氣	一行禪師◎著	230 元
JB0010	禪修地圖	達賴喇嘛◎著	280 元
JB0011	你可以不怕死	一行禪師◎著	250 元
JB0012	平靜的第一堂課——觀呼吸	德寶法師 ◎著	260 元
JB0013	正念的奇蹟	一行禪師◎著	220 元
JB0014	觀照的奇蹟	一行禪師◎著	220 元
JB0015	阿姜查的禪修世界——戒	阿姜查◎著	220 元
JB0016	阿姜查的禪修世界——定	阿姜查◎著	250 元
JB0017	阿姜查的禪修世界——慧	阿姜查◎著	230 元
JB0018X	遠離四種執著	究給·企千仁波切◎著	280 元
JB0019	禪者的初心	鈴木俊隆◎著	220 元
JB0020X	心的導引	薩姜·米龐仁波切◎著	240 元
JB0021X	佛陀的聖弟子傳 1	向智長老◎著	240 元
JB0022	佛陀的聖弟子傳 2	向智長老◎著	200 元
JB0023	佛陀的聖弟子傳 3	向智長老◎著	200 元
JB0024	佛陀的聖弟子傳 4	向智長老◎著	260 元
JB0025	正念的四個練習	喜戒禪師◎著	260 元
JB0026	遇見藥師佛	堪千創古仁波切◎著	270 元
JB0027	見佛殺佛	一行禪師◎著	220 元
JB0028	無常	阿姜查◎著	220 元
JB0029	覺悟勇士	邱陽·創巴仁波切◎著	230 元
JB0030	正念之道	向智長老◎著	280 元
JB0031	師父——與阿姜查共處的歲月	保羅·布里特◎著	260 元
JB0032	統御你的世界	薩姜·米龐仁波切◎著	240 元
JB0033	親近釋迦牟尼佛	髻智比丘◎著	430 元
JB0034	藏傳佛教的第一堂課	卡盧仁波切◎著	300 元

JB0035	拙火之樂	圖敦・耶喜喇嘛◎著	280 元
JB0036	心與科學的交會	亞瑟・札炯克◎著	330 元
JB0037	你可以，愛	一行禪師◎著	220 元
JB0038	專注力	B・艾倫・華勒士◎著	250 元
JB0039	輪迴的故事	慈誠羅珠堪布◎著	270 元
JB0040	成佛的藍圖	堪千創古仁波切◎著	270 元
JB0041	事情並非總是如此	鈴木俊隆禪師◎著	240 元
JB0042	祈禱的力量	一行禪師◎著	250 元
JB0043	培養慈悲心	圖丹・卻准◎著	320 元
JB0044	當光亮照破黑暗	達賴喇嘛◎著	300 元
JB0045	覺照在當下	優婆夷　紀・那那蓉◎著	300 元
JB0046	大手印暨觀音儀軌修法	卡盧仁波切◎著	340 元
JB0047X	蔣貢康楚閉關手冊	蔣貢康楚羅卓泰耶◎著	260 元
JB0048	開始學習禪修	凱薩琳・麥唐諾◎著	300 元
JB0049	我可以這樣改變人生	堪布慈囊仁波切◎著	250 元
JB0050	不生氣的生活	W. 伐札梅諦◎著	250 元
JB0051	智慧明光：《心經》	堪布慈囊仁波切◎著	250 元
JB0052	一心走路	一行禪師◎著	280 元
JB0054	觀世音菩薩妙明教示	堪布慈囊仁波切◎著	350 元
JB0055	世界心精華寶	貝瑪仁增仁波切◎著	280 元
JB0056	到達心靈的彼岸	堪千・阿貝仁波切◎著	220 元
JB0057	慈心禪	慈濟瓦法師◎著	230 元
JB0058	慈悲與智見	達賴喇嘛◎著	320 元
JB0059	親愛的喇嘛梭巴	喇嘛梭巴仁波切◎著	320 元
JB0060	轉心	蔣康祖古仁波切◎著	260 元
JB0061	遇見上師之後	詹杜固仁波切◎著	320 元
JB0062	白話《菩提道次第廣論》	宗喀巴大師◎著	500 元
JB0063	離死之心	竹慶本樂仁波切◎著	400 元
JB0064	生命真正的力量	一行禪師◎著	280 元
JB0065	夢瑜伽與自然光的修習	南開諾布仁波切◎著	280 元
JB0066	實證佛教導論	呂真觀◎著	500 元
JB0067	最勇敢的女性菩薩——綠度母	堪布慈囊仁波切◎著	350 元
JB0068	建設淨土——《阿彌陀經》禪解	一行禪師◎著	240 元
JB0069	接觸大地——與佛陀的親密對話	一行禪師◎著	220 元
JB0070	安住於清淨自性中	達賴喇嘛◎著	480 元
JB0071/72	菩薩行的祕密【上下冊】	佛子希瓦拉◎著	799 元

善知識系列　JB0073

穿越六道輪迴之旅：西藏還魂人跨越死亡、返回人間的眞實紀錄

作　　者／德洛達娃多瑪（Delog Dawa Drolma）
譯　　者／項慧齡
業　　務／顏宏紋

總 編 輯／張嘉芳
出　　版／橡樹林文化
城邦文化事業股份有限公司
台北市民生東路二段 141 號 5 樓
電話：(02)25007696　傳眞：(02)25001951
發　　行／英屬蓋曼群島家庭傳媒股份有限公司城邦分公司
台北市民生東路二段 141 號 2 樓
書虫客服服務專線：(02)25007718；(02)25007719
24 小時傳眞專線：(02)25001990；(02)25001991
服務時間：週一至週五上午 09:30 ～ 12:00；下午 1:30 ～ 17:00
劃撥帳號：19863813；戶名：書虫股份有限公司
讀者服務信箱：service@readingclub.com.tw
城邦讀書花園網址：www.cite.com.tw
香港發行所／城邦（香港）出版集團有限公司
香港灣仔駱克道 193 號東超商業中心 1 樓
電話：(852)25086231　傳眞：(852)25789337
E-mail：hkcite@biznetvigator.com
馬新發行所／城邦（馬新）出版集團【Cité (M) Sdn.Bhd. (458372 U)】
41, Jalan Radin Anum, Bandar Baru Sri Petaling,
57000 Kuala Lumpur, Malaysia.
電話：(603) 90578822　傳眞：(603) 90576622
Email：cite@cite.com.my

版面構成／歐陽碧智
封面設計／塵世設計
印　　刷／韋懋實業有限公司

初版一刷／ 2011 年 5 月
初版五刷／ 2020 年 7 月
ISBN ／ 978-986-120-794-0
定價／ 280 元

城邦讀書花園
www.cite.com.tw

國家圖書館出版品預行編目資料

穿越六道輪迴之旅：西藏還魂人跨越死亡、返回人間的真實紀錄 / 德洛達娃多瑪（Delog Dawa Drolma）著；項慧齡譯 -- 初版 .-臺北市：橡樹林文化，城邦文化出版：家庭傳媒城邦分公司發行，2011. 06
面　；　公分 . --（善知識系列；JB0073）
譯自：Delog: Journey to Realms Beyond Death
ISBN 978-986-120-794-0（平裝）

1. 藏傳佛教　2. 輪迴　3. 佛教信仰錄

226.965　　　100007467